coleção primeiros passos 74

Maria Helena Martins

O QUE É
LEITURA
19ª Edição

editora brasiliense
São Paulo - 2012

Copyright © by Maria Helena Martins, 1982
Nenhuma parte desta publicação pode ser gravada,
armazenada em sistemas eletrônicos, fotocopiada,
reproduzida por meios mecânicos ou outros quaisquer
sem autorização prévia da editora.

Primeira edição, 1982
19ª edição, 1997
3ª reimpressão, 2012

Diretora Editorial: *Maria Teresa B. de Lima*
Editor: *Max Welcman*
Produção Gráfica: *Adriana F. B. Zerbinati*
Produção Editorial: *Ione Franco*
Revisão: *Jane S. Coelho e José W. S. Moraes*
Capa e ilustrações: *132 (artigo 27) Artistas Gráficos*

Dados Internacionais de Catalogação na Publicação(CIP)
(Câmara Brasileira do Livro, SP, Brasil)

Martins, Maria Helena, 1982
      O que é leitura / Maria Helena Martins --
-- São Paulo : Brasiliense, 2012. -- (Coleção
Primeiros Passos ; 74)

      3ª reimpr. da 19ª. ed. de 1997.
      ISBN 85-11-01074-2

      1. Leitura   I. Título.   II. Série

06-1839   CDD- 418.4

Índices para catálogo sistemático :
1. Leitura   418.4

editora brasiliense ltda
Rua Antônio de Barros, 1839 – Tatuapé
Cep 03401-001 – São Paulo – SP
www.editorabrasiliense.com.br

SUMÁRIO

I. Falando em leitura..7
II. Como e quando começamos a ler............................ 11
III. Ampliando a noção de leitura................................22
IV. O ato de ler e os sentidos, as emoções e a razão............36
V. A leitura ao jeito de cada leitor................................ 82
Indicações para leitura..88
Bibliografia...93
Sobre a autora...95

O mais difícil, mesmo, é a arte de desler.
Mario Quintana

FALANDO EM LEITURA...

Falando em leitura, podemos ter em mente alguém lendo jornal, revista, folheto, mas o mais comum é pensarmos em leitura de livros. E quando se diz que uma pessoa gosta de ler, "vive lendo", talvez seja rato de biblioteca ou consumidor de romances, histórias em quadrinhos, foto novelas. Se "passa em cima dos livros", na certa estuda muito. Sem dúvida, o ato de ler é usualmente relacionado com a escrita, e o leitor visto como decodificador da letra. Bastará porém decifrar palavras para acontecer a leitura? Como explicaríamos as expressões de uso corrente "fazer a leitura" de um gesto, de uma situação; "ler a mão", "ler o olhar de alguém"; "ler o tempo", "ler o espaço", indicando que o ato de ler vai além da escrita?

Se alguém na rua me dá um encontrão, minha reação pode ser de mero desagrado, diante de uma batida casual, ou de franca defesa, diante de um empurrão proposital. Minha resposta a esse incidente revela meu modo de lê-lo. Outra coisa: às vezes passamos anos vendo objetos comuns, um vaso, um cinzeiro, sem jamais tê-los de fato enxergado; limitamo-los à sua função decorativa ou utilitária. Um dia, por motivos os mais diversos, nos encontramos diante de um deles como se fosse algo totalmente novo. O formato, a cor, a figura que representa, seu conteúdo passam a ter sentido, melhor, a fazer sentido para nós.

Só então se estabeleceu uma ligação efetiva entre nós e esse objeto. E consideramos sua beleza ou feiura, o ridículo ou adequação ao ambiente em que se encontra, o material e as partes que o compõem. Podemos mesmo pensar a sua história, as circunstâncias de sua criação, as intenções do autor ou fabricante ao fazê-lo, o trabalho de sua realização, as pessoas que o manipularam no decorrer de sua produção e, depois de pronto, aquelas ligadas a ele e as que o ignoram ou a quem desagrada. Perguntamo-nos por que não tínhamos enxergado isso antes; às vezes essa questão nos ocorre por um segundo, noutras ela é duradoura, mas dificilmente voltamos a olhá-lo da mesma maneira, não importa com que intensidade.

O que aconteceu? Até aquele momento o objeto era apenas algo mais na parafernália de coisas ao nosso redor, com as quais temos familiaridade sem dar atenção, porque não dizem nada em particular, ou das quais temos uma visão preconcebida. De repente se descobre um sentido, não o sentido, mas apenas uma maneira de ser desse objeto que nos provocou determinada reação, um modo especial de vê-lo, enxergá-lo, percebê-lo enfim. Podemos dizer que afinal lemos o vaso ou o cinzeiro. Tudo ocorreu talvez de modo casual, sem intenção consciente, mas porque houve uma conjunção de fatores pessoais com o momento e o lugar, com as circunstâncias.

Isso pode acontecer também com relação a pessoas com quem convivemos, ambientes e situações cotidianas, causando um impacto, uma surpresa, até uma revelação. Nada de sobrenatural. Apenas nossos sentidos, nossa psique, nossa razão responderam a algo para o que já estavam potencialmente aptos e só então se tornaram disponíveis. Será assim também que acontece com a leitura de um texto escrito?

Com frequência nos contentamos, por economia ou preguiça, em ler superficialmente, "passar os olhos", como se diz. Não acrescentamos ao ato de ler algo mais de nós além do gesto mecânico de decifrar os sinais. Sobretudo se esses sinais não se ligam de imediato a uma experiência, uma fantasia, uma necessidade nossa. Reagimos assim ao que não nos interessa no momento. Um discurso político, uma conversa, uma língua estrangeira, uma aula expositiva, um quadro, uma peça musical, um livro. Sentimonos isolados do processo de comunicação que essas mensagens instauram — desligados. E a tendência natural é ignorá-las ou rejeitá-las como nada tendo a ver com a gente. Se o texto é visual, ficamos cegos a ele, ainda que nossos olhos continuem a fixar os sinais gráficos, as imagens. Se é sonoro, surdos. Quer dizer: não o lemos, não o compreendemos, impossível dar-lhe sentido porque ele diz muito pouco ou nada para nós.

Por essas razões, ao começarmos a pensar a questão da leitura, fica um mote que agradeço a Paulo Freire:

"a leitura do mundo precede sempre a leitura da palavra e a leitura desta implica a continuidade da leitura daquele".

COMO E QUANDO COMEÇAMOS A LER

Desde os nossos primeiros contatos com o mundo, percebemos o calor e o aconchego de um berço diferentemente das mesmas sensações provocadas pelos braços carinhosos que nos enlaçam. A luz excessiva nos irrita, enquanto a penumbra tranquiliza. O som estridente ou um grito nos assustam, mas a canção de ninar embala nosso sono. Uma superfície áspera desagrada, no entanto, o toque macio de mãos ou de um pano como que se integram à nossa pele. E o cheiro do peito e a pulsação de quem nos amamenta ou abraça podem ser convites à satisfação ou ao rechaço. Começamos assim a compreender, a dar sentido ao que e a quem nos cerca. Esses também são os primeiros passos para aprender a ler.

Trata-se, pois de um aprendizado mais natural do que se costuma pensar, mas tão exigente e complexo como a própria vida. Fragmentado e, ao mesmo tempo, constante como nossas experiências de confronto com nós mesmos e com o mundo.

Lembro novamente Paulo Freire: "ninguém educa ninguém, como tampouco ninguém se educa a si mesmo: os homens se educam em comunhão, mediatizados pelo mundo". Parodiando-o e também ousando divergir neste caso, se poderia dizer: ninguém ensina ninguém a ler; o aprendizado é, em última instância, solitário, embora se desencadeie e se desenvolva na convivência com os outros e com o mundo. Exagero? Nem tanto.

Os estudos da linguagem vêm revelando, cada vez com maior ênfase, que aprendemos a ler apesar dos professores; que, para aprender a ler e compreender o processo da leitura, não estamos desamparados, temos condições de fazer algumas coisas sozinhos e necessitamos de alguma orientação, mas uma vez propostas instruções uniformizadas, elas não raro causam mais confusão do que auxiliam.

Também as investigações interdisciplinares vêm evidenciando, mesmo na leitura do texto escrito, não ser apenas o conhecimento da língua que conta, e sim todo um sistema de relações interpessoais e entre as várias áreas do conhecimento e da expressão do homem e das suas circunstâncias

O que é leitura 13

Mas "o que mais o intrigava eram as figurinhas desenhadas embaixo das imagens, e que provavelmente deviam ser insetos desconhecidos".

de vida. Enfim, dizem os pesquisadores da linguagem, em crescente convicção: aprendemos a ler lendo. Eu diria vivendo.

Isso faria pensar que o aprendizado de Tarzan não seja pura obra da imaginação de Edgar Rice Burroughs. Aos dez anos, remexendo nos escombros da cabana de seu falecido pai, o garoto-macaco topou com alguns livros, e teve seus primeiros contatos com a palavra impressa, através de uma cartilha. Tentou de início pegar as imagens que a ilustravam, percebendo então serem apenas representações das figuras reais. Mas "o que mais o intrigava eram as figurinhas desenhadas embaixo das imagens, e que provavelmente deveriam ser insetos desconhecidos... Vários tinham pernas, mas em nenhum descobria bocas e olhos". Não podia imaginar que esses sinais fossem as letras do alfabeto. Observando e refletindo, percebeu aos poucos a relação entre os "insetozinhos" e as imagens que os acompanhavam; eles não eram muito numerosos, repetiam-se várias vezes. Assim, numa "tarefa extraordinária", aprendeu a ler "sem possuir a menor noção das letras, nem da linguagem escrita, sem mesmo saber que essas coisas existiam".

Fascinante! Impossível, diriam os mais céticos. De fato, numa criança desde um ano de idade sem contato com a civilização tal façanha parece apenas coisa de ficção. Mas os inúmeros escritores que têm recriado a aprendizagem da leitura quase sempre apresentam-na intencionalmente como algo mágico, senão enquanto ato, enquanto processo de descoberta de um universo desconhecido e maravilhoso.

Certamente aprendemos a ler a partir do nosso contexto pessoal. E temos que valorizá-lo para poder ir além dele. Esse o recado de Sartre, em seu relato autobiográfico, no qual apresenta uma perspectiva mais realista, mas não menos fascinante da iniciação à leitura:

"Apossei-me de um livro intitulado *Tribulações de um chinês na China* e o transportei para um quarto de despejo; aí, empoleirado sobre uma cama de armar, fiz de conta que estava lendo: seguia com os olhos as linhas negras sem saltar uma única e me contava uma história em voz alta, tomando o cuidado de pronunciar todas as sílabas. Surpreenderam-me — ou melhor, fiz com que me surpreendessem —, gritaram admirados e decidiram que era tempo de me ensinar o alfabeto. Fui zeloso como um catecúmeno; ia a ponto de dar a mim mesmo aulas particulares: eu montava na minha cama de armar com o *Sem Família*, de Hector Malot, que conhecia de cor e, em parte recitando, em parte decifrando, percorri-lhe todas as páginas, uma após outra: quando a última foi virada, eu sabia ler.

"Fiquei louco de alegria: eram minhas aquelas vozes secas em seus pequenos herbários, aquelas vozes que meu avô reanimava com o olhar, que ele ouvia e eu não! Eu iria escutá-las, encher-me-ia de discursos cerimoniosos e saberia tudo. Deixavam-me vagabundear pela biblioteca e eu dava assalto à sabedoria humana. Foi ela quem me fez... Nunca esgaravatei a terra nem farejei ninhos, não herborizei nem joguei pedras nos passarinhos. Mas os livros foram meus passarinhos e meus ninhos, meus animais domésticos, meu estábulo e meu campo; a biblioteca era o mundo colhido num espelho; tinha a sua espessura infinita, a sua variedade e a sua imprevisibilidade. Eu me lançava a incríveis aventuras: era preciso escalar as cadeiras, as mesas, com o risco de provocar avalanches que me teriam sepultado. As obras da prateleira superior ficaram por muito tempo fora do meu alcance; outras, mal eu as descobri, me foram arrebatadas das mãos; outras, ainda, escondiam-se: eu as apanhara um dia, começara a lê-las, acreditava tê-las reposto no lugar, mas levava uma semana para reencontrá-las. Tive encontros horríveis: abria um álbum, topava com uma prancha em cores, insetos horríveis pulavam sob minha vista. Deitado sobre o tapete, empreendi áridas viagens através de Fontenelle, Aristófanes, Rabelais: as frases resistiam-me à maneira das coisas; cumpria observá-las, rodeá-las, fingir que me afastava e retornar subitamente a elas de modo a surpreendê-las desprevenidas: na maioria das vezes, guardavam seu segredo."

Aí temos duas sínteses literárias do processo de aprendizagem da leitura; uma altamente ficcional, outra autobiográfica.

Ambas evidenciam a curiosidade se transformando em necessidade e esforço para alimentar o imaginário, desvendar os segredos do mundo e dar a conhecer o leitor a si mesmo através do que lê e como lê. Embora os exemplos se refiram ao texto escrito, tanto Burroughs quanto Sartre indicam que o conhecimento da língua não é suficiente para a leitura se efetivar. Na verdade o leitor pré-existe à descoberta do significado das palavras escritas; foi-se configurando no decorrer das experiências de vida, desde as mais elementares e individuais às oriundas do intercâmbio de seu mundo pessoal e o universo social e cultural circundante.

Quando começamos a organizar os conhecimentos adquiridos, a partir das situações que a realidade impõe e da nossa atuação nela; quando começamos a estabelecer relações entre as experiências e a tentar resolver os problemas que se nos apresentam — aí então estamos procedendo leituras, as quais nos habilitam basicamente a ler tudo e qualquer coisa. Esse seria, digamos, o lado otimista e prazeroso do aprendizado da leitura. Dá-nos a impressão de o mundo estar ao nosso alcance; não só podemos compreendê-lo, conviver com ele, mas até modificá-lo à medida que incorporamos experiências de leitura.

Não obstante, em nossa trajetória existencial, interpõem-se inúmeras barreiras ao ato de ler. Quando, desde cedo, veem-se carentes de convívio humano ou com relações sociais restritas, quando suas condições de sobrevivência material e cultural são precárias, refreando também suas expectativas, as pessoas tendem a ter sua aptidão para ler igualmente constrangida. Não que sejam incapazes (salvo pessoas com graves distúrbios de caráter patológico). A questão aí está mais ligada às condições de vida, a nível pessoal e social.

Em 1981, realizou-se uma pesquisa sobre "Televisão e Comunicação Publicitária no Meio Rural". Alguns dos depoimentos colhidos entre moradores do interior do Estado de São Paulo foram divulgados pela Revista *Isto É*. Uma mulher (37 anos, casada, dois filhos, trabalhadora na roça, moradora em Cunha) disse a respeito da televisão: *"Para entender televisão tem que saber ler. Eu não sei ler, então não entendo nada"*.

Essa declaração, aparentemente sem sentido, deixa transparecer uma lógica, revelando compreensão intuitiva acerca da leitura. E isso, em última instância, demonstra tratar-se de alguém que pratica o ato de ler no seu cotidiano: tem condições, embora precárias, de dar sentido às coisas, no trabalho, na vida doméstica, nas relações humanas. Ademais, ao condicionar a leitura da TV à leitura do texto escrito, assemelhando a linguagem das imagens à dos signos linguísticos, rompe com o comportamento usual que vê ambas as linguagens independentes e também exigindo capacidades diferentes para compreendê-las. Sua afirmação, nesse sentido, se aproxima da noção da leitura proposta aqui. Outra inferência de tal manifestação está na importância dada à leitura da escrita como ponte para outro entendimento, o que é comum à maioria das pessoas.

Seria de se perguntar em que medida essa mulher vê sua capacidade de dar sentido às coisas bloqueada pelo seu analfabetismo e qual a extensão de sua frustração diante disso. Como teria acrescentado que "quando compreende, esquece logo", tem-se aí um dado elucidativo: o que se lhe oferece para ler na televisão pouco ou nada significa para ela, por isso não chega a fixar na memória; seu universo de interesses é outro, outras as suas necessidades reais ou de fantasia.

A psicanálise enfatiza que tudo quanto de fato impressionou a nossa mente jamais é esquecido, mesmo que permaneça muito tempo na obscuridade do inconsciente. Essa constatação evidencia a importância da memória tanto para a vida quanto para a leitura. Principalmente a da palavra escrita — daí a valorização do saber ler e escrever —, já que se trata de um signo arbitrário, não disponível na natureza, criado como instrumento de comunicação, registro das relações humanas, das ações e aspirações dos homens; transformado com frequência em instrumento de poder pelos dominadores, mas que pode também vir a ser a liberação dos dominados.

Diante disso, também poderíamos perceber o *esquecimento* como um mecanismo de defesa. Assim como a aprendizagem em geral e da leitura em particular significa uma conquista de autonomia, permite a ampliação dos horizontes, implica igualmente um comprometimento, acarreta alguns riscos. Estes últimos, em geral, estabelecem a desconfiança. Inconscientemente aquela leitora talvez ache melhor nem entender (ler), porque isso significaria para ela novas exigências, ruptura com a passividade, enfrentamento de uma situação, podendo causar-lhe maiores frustrações em face da realidade. E esta, possivelmente, ela considere imutável ou cujas perspectivas de modificação estariam, a seu ver, muito além de seu alcance pessoal ou de seu grupo social.

Esse tipo de resposta, a de não querer ler, vem ao encontro dos interesses das minorias dominantes. Por certo, não estimulada abertamente; ao contrário, os "sabedores das coisas", na aparência, estão sempre prontos a ensinar a ler. Só que a seu modo. Esse desafio os indivíduos e as sociedades carentes como a nossa precisam aprender a enfrentar, começando a ler por conta própria, ainda que a duras penas; exercitando sua memória, não se deixando iludir pela aparente gratuidade das pequenas coisas da vida, porque elas, em última instância, fazem a nossa história e fazem nossa a História.

Com exemplos de leitores tão diferenciados — criança na primeira infância, Tarzan, Sartre, mulher da roça — o propósito foi enfatizar algo sempre influente no ato de ler: a interação das condições internas e subjetivas e das externas e objetivas. Elas são fundamentais para desencadear e desenvolver a leitura. Seja quem for o leitor, o ato de ler sempre estará ligado a essas condições, precárias ou ideais.

AMPLIANDO A NOÇÃO DE LEITURA

Se o conceito de leitura está geralmente restrito à decifração da escrita, sua aprendizagem, no entanto, liga-se por tradição ao processo de formação global do indivíduo, à sua capacitação para o convívio e atuações social, política, econômica e cultural. Saber ler e escrever, já entre gregos e romanos, significava possuir as bases de uma educação adequada para a vida, educação essa que visava não só ao desenvolvimento das capacidades intelectuais e espirituais, como das aptidões físicas, possibilitando ao cidadão integrar-se efetivamente à sociedade, no caso à classe dos senhores, dos homens livres.

Assim, se saber ler textos escritos e escrever ainda hoje é algo a que não se tem acesso naturalmente (o analfabetismo persiste mesmo em países desenvolvidos), entre os antigos era privilégio de pouquíssimos. E o aprendizado se baseava em disciplina rígida, por meio de método analítico caracterizado pelo progresso passo a passo: primeiro, decorar o alfabeto; depois, soletrar; por fim, decodificar palavras isoladas, frases, até chegar a textos contínuos. O mesmo método sendo aplicado para a escrita.

Apesar de séculos de civilização, as coisas hoje não são muito diferentes. Muitos educadores não conseguiram superar a prática formalista e mecânica, enquanto para a maioria dos educandos aprender a ler se resume à decoreba de signos linguísticos, por mais que se doure a pílula com métodos sofisticados e supostamente desalienantes. Prevalece a pedagogia do sacrifício, do aprender por aprender, sem se colocar o *porquê*, *como* e *para quê*, impossibilitando compreender verdadeiramente a função da leitura, o seu papel na vida do indivíduo e da sociedade.

Também é sabido que nenhuma metodologia de alfabetização, avançada ou não, leva por si só à existência de leitores efetivos. Uma vez alfabetizada, a maioria das pessoas se limita à leitura com fins eminentemente pragmáticos, mesmo suspeitando que ler significa inteirar-se do mundo, sendo também uma forma de conquistar autonomia, de deixar de "ler pelos olhos de outrem".

Daí o hábito de ler livros ser especialmente mistificado; considerarem-se os letrados os únicos capazes, seja de criar e compreender a linguagem artística, seja de ditar leis, estabelecer normas e valores sociais e culturais. Isso de fato determina prerrogativas difíceis de se abrir mão, pois são diferenciadoras, indícios de que se pertence a uma elite. Cabendo a essa minoria o "direito" de dar sentido ao mundo, enquanto aos demais resta a submissão aos ditames dos que "sabem das coisas". E quando o intelectual se debruça sobre o iletrado para auxiliá-lo a aprender, inevitavelmente emerge o paternalismo. Porém não ensina o pulo do gato, porque até aí seu altruísmo não chega. Além do mais, esse pulo, tudo indica, não se ensina mesmo. Pode-se, isto sim, limpar o terreno ou, na hipótese maquiavélica, reforçar seus acidentes.

De qualquer forma prevalece a "cultura do silêncio": "se o educador é o que sabe, se os educandos são os que nada sabem, cabe àquele dar, entregar, levar, transmitir o seu saber aos segundos". E, ao denunciar isso, Paulo Freire chama a atenção "dos verdadeiros humanistas para o fato de que eles não podem, na busca da libertação, servir-se da concepção 'bancária' [a educação é 'doação', 'favor'], sob pena de se contradizerem em sua busca". Nesse caso predomina a visão de cultura do intelectual ou da cultura que lhe pareça conveniente transmitir ao iletrado, desrespeitando-o frontal ou sub-repticiamente. Nesta última hipótese se insere uma das questões mais discutidas e controvertidas de nosso tempo: a cultura de massa, sua manipulação e consumo.

***

Para abrir perspectivas que minimizem esses problemas, muitos educadores apregoam a necessidade da constituição do "hábito de ler". A leitura seria a ponte para o processo educacional eficiente, proporcionando a formação integral do indivíduo. Todavia, os próprio educadores constatam sua impotência diante do que denominam a "crise da leitura". Mas que "crise" é essa? Para a maioria deles, ela significa a ausência de leitura de texto escrito, principalmente livros, já que a leitura num sentido abrangente está mais ou menos fora de cogitação.

Seria preciso, assim, investigar os inúmeros fatores determinantes dessa situação, entre os quais ressalta o de a leitura, como em regra a entendem, estar limitada à escola, com a utilização preponderante dos chamados livros didáticos. Como, principalmente no contexto brasileiro, a escola é o lugar onde a maioria aprende a ler e escrever, e muitos têm sua talvez única oportunidade de contato com os livros, estes passam a ser identificados com os manuais escolares.

Esses textos condensados, supostamente digeríveis, dão a ilusão de tornar seus usuários aptos a conhecer, apreciar e até ensinar as mais diferentes disciplinas. Na verdade resultam em manuais da ignorância; mais inibem do que incentivam o gosto de ler. Geralmente transmitindo uma visão de mundo anacrônica, repressiva, tais livros estão repletos de falsas verdades, a serviço de ideologias autoritárias, mesmo quando mascarados por recursos formais ou temáticos atuais e não conservadores. Subjaz a intenção de manipular a leitura, a ponto de seus organizadores deturparem os textos transcritos, num franco desrespeito aos autores e leitores, sob o pretexto de resguardar princípios ditos inabaláveis, mas que a realidade revela inconsistentes.

A justificativa maior dos organizadores dos livros didáticos, entretanto, se reveste de espírito "científico": a necessidade de viabilizar o desenvolvimento de capacidades específicas, sistematizar conhecimentos, de simplificar assuntos demasiado complexos. Quanto aos educadores, muitos consideram tais livros um "mal necessário" diante de evidentes problemas de caráter econômico, deficiência na formação de professores, na própria estrutura do ensino brasileiro. E, enquanto a educação formal vai por água abaixo, a "máfia do livro didático", como a caracteriza Osman Lins, prospera francamente. Resultado de política educacional e sistema socioeconômico, no mínimo, desastrosos.

Encobre-se, desse modo, o receio de um diálogo franco e crítico entre o professor e o aluno e de ambos com seu material de trabalho, bloqueando oportunidades raras de realizarem-se leituras efetivas, consequentes; de se desenvolverem verdadeiros leitores. Há, portanto, um equívoco de base quando educadores falam em "crise da leitura"; algo desfocado em relação à nossa realidade.

O Brasil, em termos de publicações, distribuição e venda de material impresso, principalmente livros, deixa muito a desejar. Quanto a bibliotecas, nem se fala. Mas a oferta vem aumentando, inclusive a preços acessíveis a camadas mais amplas da população. O volume de exemplares vendidos em edições populares cresce, revelando que, mesmo em termos de leitura de livros, a "crise" não se dá tanto devido à falta do que ler, aos preços altos, à pouca qualidade do material, ou mesmo pela inexistência de leitores.

A questão é mais ampla e complexa: vem da precariedade de condições socioeconômicas e se espraia na ineficiência da instituição escolar, determinando e limitando opções. Sem dúvida, a concepção que liga o gosto de ler apenas aos livros deve muito à influência, persistente no nosso sistema educacional, de uma formação eminentemente livresca e defasada em relação à realidade, ainda fomentada pela escolástica cristã que orientou os jesuítas, os primeiros educadores no Brasil. Ademais, deve muito a ideologias que buscam na elitização da cultura meios de reafirmar supremacia social, política, econômica, cultural.

O que é considerado matéria de leitura, na escola, está longe de propiciar aprendizado tão vivo e duradouro (seja de que espécie for) como o desencadeado pelo cotidiano familiar, pelos colegas e amigos, pelas diversões e atribuições diárias, pelas publicações de caráter popular, pelos diversos meios de comunicação de massa, enfim, pelo contexto geral em que os leitores se inserem. Contexto esse permanentemente aberto a inúmeras leituras. Não é de admirar, pois, a preferência pela leitura de coisas bem diferentes daquelas impostas na sala de aula, sem a cobrança inevitável, em geral por meio das execráveis "fichas de leitura".

Desconsiderando essa realidade, a escola corre o risco de estar preparando crianças e jovens — mesmo privilegiados por conseguirem chegar e permanecer lá — que vão envelhecer sem crescer, caso contarem só com ela. E, obviamente, esse processo ocorre tanto com indivíduos quanto com instituições. Em outras palavras, o tiro pode sair pela culatra.

Além do mais, seria contrassenso insistir na importância da leitura restringindo-a aos livros ou, quando muito, a textos escritos em geral. Isso implica alijar da experiência de leitura os milhões de analfabetos espalhados pelo país ou os iletrados que não costumam ter na escrita sua referência cotidiana. Sobretudo quando se sabe (ou se deveria saber) que, para modificar esse quadro, são necessárias reformulações expressivas no sistema político-econômico e sociocultural, de modo a permitirem melhoria efetiva de condições de vida da imensa maioria desfavorecida.

Soluções simplificadoras ou demagógicas para questões tão complexas resultam inoperantes. Fundamental é que, conhecendo os limites de sua ação, os educadores repensem sua prática profissional e passem a agir objetiva e coerentemente em face dos desequilíbrios e desafios que a realidade apresenta.

Temos, então, mais um motivo para ampliar a noção de leitura. Vista num sentido amplo, independente do contexto escolar, e para além do texto escrito, permite compreender e valorizar melhor cada passo do aprendizado das coisas, cada experiência. Incorpora-se, assim, ao cotidiano de muitos o que geralmente fica limitado a uma parcela mínima da sociedade: ao âmbito dos gabinetes ou salas de aula e bibliotecas, a momentos de lazer ou de busca de informação especializada. Enfim, essa perspectiva para o ato de ler permite a descoberta de características comuns e diferenças entre os indivíduos, grupos sociais, as várias culturas; incentiva tanto a fantasia como a consciência da realidade objetiva, proporcionando elementos para uma postura crítica, apontando alternativas.

Mas ampliar a noção de leitura pressupõe transformações na visão de mundo em geral e na de cultura em particular. Isso porque estamos presos a um conceito de cultura muito ligado à produção escrita, geralmente provinda do trabalho de letrados. A realidade, entretanto, nos apresenta inúmeras manifestações culturais originárias das camadas mais ignorantes do povo e cuja força significativa as tem feito perdurar por séculos. Daí a necessidade de se compreender tanto a questão da leitura quanto a da cultura para além dos limites que as instituições impuseram.

Seria preciso, então, considerar a leitura como *um processo de compreensão de expressões formais e simbólicas, não importando por meio de que linguagem*. Assim, o ato de ler se refere tanto a algo escrito quanto a outros tipos de expressão do fazer humano, caracterizando-se também como acontecimento histórico e estabelecendo uma relação igualmente histórica entre o leitor e o que é lido.

Sugerindo uma visão mais ampla da noção de leitura, abro questões cujas respostas não tenho, nem pretendo encontrar aqui. Elas são colocadas antes como um desafio, porque estamos inapelavelmente condicionados à perspectiva da cultura letrada, à relação leitura-escrita. Mas essa delimitação do ato de ler impede de se englobar no processo uma série de aspectos que a realidade evidencia, assim como elitiza a leitura e a escrita, reforçando-as enquanto privilégio:

"e a conquista desse privilégio, com sua subsequente democratização e negação enquanto privilégio, é uma necessidade imperiosa para as classes subalternas", observou Flávio Aguiar. Ele, como certamente muitos outros, simpatiza com minha proposta, embora fique pouco à vontade em seu "contraforte de letrado".

Daí ser preciso não só revelar a insatisfação quanto aos limites de noções estratificadas pelos séculos, mas também ousar questioná-las, aventando alternativas.

***

As inúmeras concepções vigentes sobre *leitura*, *grosso modo*, podem ser sintetizadas em duas caracterizações:

1) como decodificação mecânica de signos linguísticos, por meio de aprendizado estabelecido a partir do condicionamento estímulo-resposta (perspectiva behaviorista-skinneriana);

2) como processo de compreensão abrangente, cuja dinâmica envolve componentes sensoriais, emocionais, intelectuais, fisiológicos, neurológicos, tanto quanto culturais, econômicos e políticos (perspectiva cognitivo-sociológica).

Conforme as investigações interdisciplinares vêm apontando, esta última concepção dá condições de uma abordagem mais ampla e mesmo mais aprofundada do assunto. Por certo cada área do conhecimento enfatiza um aspecto mas, não se propondo delimitações estanques, está aberta ao intercâmbio de informações e experiências. Além disso, o debate "decodificação *versus* compreensão" parece estar se esvaziando. Ambas são necessárias à leitura. Decodificar sem compreender é inútil; compreender sem decodificar, impossível. Há que se pensar a questão dialeticamente.

A despeito de todas as tentativas de uma visão sistemática e metódica, se nos perguntarmos o que é, o que significa a leitura para nós mesmos, certamente cada um chegará a uma resposta diferenciada. Isso porque se trata, antes de mais nada, de uma experiência individual, cujos limites não estão demarcados pelo tempo em que nos detemos nos sinais ou pelo espaço ocupado por eles. Acentue-se que, por sinais, entende-se aqui qualquer tipo de expressão formal ou simbólica, configurada pelas mais diversas linguagens.

Frank Smith, psicolinguista norte-americano, estudando a leitura, mostra que gradativamente os pesquisadores da linguagem passam a considerá-la como um processo, no qual o leitor participa com uma aptidão que não depende basicamente de sua capacidade de decifrar sinais, mas sim de sua capacidade de dar sentido a eles, compreendê-los. Mesmo em se tratando da escrita, o procedimento está mais ligado à experiência pessoal, à vivência de cada um, do que ao conhecimento sistemático da língua.

A leitura vai, portanto, além do texto (seja ele qual for) e começa antes do contato com ele. O leitor assume um papel atuante, deixa de ser mero decodificador ou receptor passivo. E o contexto geral em que ele atua, as pessoas com quem convive passam a ter influência apreciável em seu desempenho na leitura. Isso porque o *dar sentido a um texto* implica sempre levar em conta a situação desse texto e de seu leitor. E a noção de texto aqui também é ampliada, não mais fica restrita ao que está escrito, mas abre-se para englobar diferentes linguagens.

Considerando as colocações acima, a leitura se realiza a partir do *diálogo* do leitor com o objeto lido — seja escrito, sonoro, seja um gesto, uma imagem, um acontecimento. Esse diálogo é referenciado por um tempo e um espaço, uma situação; desenvolvido de acordo com os desafios e as respostas que o objeto apresenta, em função de expectativas e necessidades, do prazer das descobertas e do reconhecimento de vivências do leitor. Também o sustenta a intermediação de outro(s) leitor(es). Aliás, o papel do educador na intermediação do objeto lido com o leitor é cada vez mais repensado; se, da postura professoral lendo *para* e/ou *pelo* educando, ele passar a ler com, certamente ocorrerá o intercâmbio das leituras, favorecendo a ambos, trazendo novos elementos para um e outro.

A dinâmica do processo é pois de tal ordem que considerar a leitura apenas como resultado da interação texto-leitor seria reduzi-la consideravelmente, a ponto de se correr o risco de pensar que um mesmo leitor lendo um mesmo texto, não importa quantas vezes, sempre realizaria uma mesma leitura. Não precisa ser especialista no assunto para saber o quanto as circunstâncias pessoais ou não (uma dor de cabeça, uma recomendação acatada ou imposição, um conflito social) podem influir na nossa leitura.

Em face disso, aprender a ler significa também aprender a ler o mundo, dar sentido a ele e a nós próprios, o que, mal ou bem, fazemos mesmo sem ser ensinados. A função do educador não seria precisamente a de ensinar a ler, mas a de criar condições para o educando realizar a sua própria aprendizagem, conforme seus próprios interesses, necessidades, fantasias, segundo as dúvidas e exigências que a realidade lhe apresenta. Assim, criar condições de leitura não implica apenas alfabetizar ou propiciar acesso aos livros. Trata-se, antes, de dialogar com o leitor sobre a sua leitura, isto é, sobre o sentido que ele dá, repito, a algo escrito, um quadro, uma paisagem, a sons, imagens, coisas, ideias, situações reais ou imaginárias.

Enquanto permanecermos isolados na cultura letrada, não poderemos encarar a leitura senão como instrumento de poder, dominação dos que sabem ler e escrever sobre os analfabetos ou iletrados. Essa realidade precisa ser alterada. Não que se proponha o menosprezo pela escrita — isso seria tolice —, ela, em última instância, nos oportuniza condições de maior abstração, de reflexão. Importa, antes, começarmos a ver a leitura como instrumento liberador e possível de ser usufruído por todos, não apenas pelos letrados.

Se o papel do educador pareceu aqui em evidência, ele foi trazido à baila para ser colocado em seu devido lugar e compreendido não necessariamente como o do especialista em educação ou do professor, mas como o de um indivíduo letrado que sabe algo e se propõe a ensiná-lo a alguém, isto é, um mediador de leituras. Importa muito se ter bem presente a ideia de que isso de ler, e ler bem, depende muito de nós mesmos, das nossas condições reais de existência, mais do que podem (ou querem) nos fazer crer os "sabedores das coisas". Aliás, essas condições vão inclusive orientar preferências e privilegiar um determinado nível de leitura, como se verá a seguir.

O ATO DE LER E OS SENTIDOS, AS EMOÇÕES E A RAZÃO

Como afirmei de início, estou apenas pensando e sugerindo reflexões acerca da questão da leitura. Não pretendo chegar a definições, a conceituações definitivas, tampouco apresentar regras ou receitas. O propósito é compreender a leitura, tentando desmistificá-la, por meio de uma abordagem despretensiosa, mas que permita avaliar aspectos básicos do processo, dando margem a se conhecer mais propriamente o ato de ler.

Esses aspectos se relacionam à própria existência do homem, incitando a fantasia, o conhecimento e a reflexão acerca da realidade. O leitor, entretanto, pouco se detém no funcionamento do ato de ler, na intrincada trama de inter-relações que se estabelecem. Todavia, propondo-se a pensá-lo, perceberá a configuração de três níveis básicos de leitura, os quais são possíveis de visualizar como níveis *sensorial, emocional* e *racional*. Cada um desses três níveis corresponde a um modo de aproximação ao objeto lido. Como a leitura é dinâmica e circunstanciada, *esses três níveis são inter-relacionados, senão simultâneos, mesmo sendo um ou outro privilegiado*, segundo a experiência, expectativas, necessidades e interesses do leitor e das condições do contexto geral em que se insere.

Percorrendo uma feira, um bricabraque, um museu ou um antiquário, certamente assaltam-nos as mais variadas sensações, emoções e pensamentos. Talvez pelo insólito do conjunto de objetos observados, do lugar em que se encontram, nos detenhamos mais a olhá-los. Cada indivíduo reagirá a eles de um modo; irá lê-los a seu modo.

Eu, por exemplo, às vezes não resisto à tentação de tocá-los, cheirá-los, fazê-los funcionar. Em certas ocasiões me deprimem, como num mercado de quinquilharias ou num brique, onde cada coisa teve sua história particular e acabou na vala comum, nas mãos de quem possivelmente ignora por completo sua trajetória. Noutros casos, assumo uma postura de reverência e encantamento diante de um objeto consagrado: um manuscrito de autor notável, uma cadeira que pertenceu a alguém famoso, um original de quadro há muito admirado apenas através de reproduções. Ocorrem também os momentos em que me descubro pensando o porquê da existência de tais objetos, quais as intenções de sua criação, sua finalidade, o que de fato significaram para seus criadores e possuidores, como se relacionam com o momento histórico-social e o lugar em que foram criados, qual seu sentido para mim e para o mundo em que vivo.

Em cada um desses casos, como em muitíssimos outros, estou realizando leituras, dando sentido às coisas, às pessoas ligadas a elas, ao tempo e espaço que ocuparam e ocupam e à minha relação com isso tudo. Estou lendo com meus sentidos, minhas emoções, meu intelecto. Se recorro aqui a um exemplo tão pessoal é para não generalizar equivocadamente quanto a preferências. De qualquer modo, tem-se aí uma ideia inicial dos níveis de leitura. Além disso, fica evidenciado algo a meu ver fundamental: se a leitura tem mais mistérios e sutilezas do que a mera decodificação de palavras escritas, tem também um lado de simplicidade que os letrados não se preocupam muito em revelar.

A intenção aqui é de uma aproximação por esse ângulo dos níveis básicos do processo. Há inúmeras maneiras de caracterizá-los e estudá-los. Optei pelos aspectos que me parecem mais evidentes, longe de querer esgotar

Cada coisa teve sua história particular e acabou na vala comum, nas mãos de quem possivelmente ignora por completo sua trajetória.

as possibilidades de abordagem do tema. Pelo contrário, trata-se de uma iniciação a ele. Aliás, cabe observar: partindo desta para outras reflexões, encontrar-se-ão várias concepções a respeito de *níveis de leitura*. Praticamente cada estudioso tem uma visão diferenciada, talvez por ser questão cada vez mais repensada e acrescida de novas perspectivas, o que sempre aumenta as possibilidades de compreendê-la.

Leitura sensorial

A visão, o tato, a audição, o olfato e o gosto podem ser apontados como os referenciais mais elementares do ato de ler. O exemplo, visto anteriormente, dos momentos iniciais da relação da criança com o mundo ilustra a leitura sensorial. De certa forma caracteriza a descoberta do universo adulto no qual todos nós precisamos aprender a viver para sobreviver. Não se trata de uma leitura elaborada; é antes uma resposta imediata às exigências e ofertas que esse mundo apresenta; relaciona-se com as primeiras escolhas e motiva as primeiras revelações. Talvez, por isso mesmo, marcantes.

Essa leitura sensorial começa, pois, muito cedo e nos acompanha por toda a vida. Não importa se mais ou

O que é leitura 41

menos minuciosa e simultânea à leitura emocional e racional. Embora a aparente gratuidade de seu aspecto lúdico, o jogo com e das imagens e cores, dos materiais, dos sons, dos cheiros e dos gostos incita o prazer, a busca do que agrada e a descoberta e rejeição do desagradável aos sentidos. E através dessa leitura vamo-nos revelando também para nós mesmos.

Em suas memórias, Erico Veríssimo dá mais vida e significação a essas coisas de que estamos falando: "Estou convencido de que meu primeiro contato com a música, o canto, o conto e a mitologia se processou através da primeira cantiga de acalanto que me entrou pelos ouvidos, sem fazer sentido em meu cérebro, é óbvio, pois a princípio aquele conjunto ritmado de sons não passava dum narcótico para me induzir ao sono. Essa canção de ninar falava do Bicho Tutu, que estava no telhado e que desceria para pegar o menino se este ainda não estivesse dormindo. Mas se ele já estivesse piscando, com a areia do sono nos olhos, a letra da cantilena era diferente: uma advertência ao Bicho Tutu para que não ousasse descer do telhado, pois nesse caso o pai do menino mandaria matá-lo. E aí temos sem dúvida uma efabulação ou estória, uma melodia e um elemento mitológico. Amas e criadas encarregaram-se de enriquecer a galeria mitológica da criança, contando-lhe estórias fantásticas, de caráter francamente sadomasoquista, como aquela da madrasta que mandou enterrar vivas as três enteadas. (Ouço uma voz remota exclamar: "Xô, xô, passarinho!...") Dessa história das meninas enterradas — Capineiro de meu pai / não me cortes os cabelos / minha mãe me penteou / minha madrasta me enterrou ... — guardo mais o terror que ela me inspirou do que o seu enredo. Por essa época a criança já caminhava, e a fita magnética de sua memória estava ainda praticamente virgem, pronta para registrar as impressões do mundo com suas pessoas, animais, coisas e mistérios".

A leitura sensorial vai, portanto, dando a conhecer ao leitor o que ele gosta ou não, mesmo inconscientemente, sem a necessidade de racionalizações, justificativas, apenas porque impressiona a vista, o ouvido, o tato, o olfato ou o paladar. Por certo alguns estarão a pensar que ler sensorialmente uma estória contada, um quadro, uma canção, até uma comida é fácil. Mas como ler assim um livro, por exemplo?

***

Antes de ser um texto escrito, um livro é um objeto; tem forma, cor, textura, volume, cheiro. Pode-se até ouvi-lo se folhearmos suas páginas. Para muitos adultos e especialmente crianças não alfabetizados essa é a leitura que conta. Quem já teve oportunidade de vivenciá-la e de observar a sua realização sabe o quanto ela pode render.

Na criança essa leitura através dos sentidos revela um prazer singular, relacionado com a sua disponibilidade (maior que a do adulto) e curiosidade (mais espontaneamente expressa). O livro, esse objeto inerte, contendo estranhos sinais, quem sabe imagens coloridas, atrai pelo formato e pela facilidade de manuseio; pela possibilidade de abri-lo, decifrar seu mistério e ele revelar — através da combinação rítmica, sonora e visual dos sinais — uma história de encantamento, de imprevistos, de alegrias e apreensões. E esse jogo com o universo escondido num livro vai estimulando na criança a descoberta e aprimoramento da linguagem, desenvolvendo sua capacidade de comunicação com o mundo. Surgem as primeiras escolhas: o livro com ilustrações coloridas agrada mais; se não contém imagens, atrai menos. E só o fato de folheá-lo, abrindo-o e fechando-o, provoca uma sensação de possibilidades de conhecê-lo; seja para dominá-lo, rasgando-o num gesto onipotente, seja para admirá-lo, conservando-o a fim de voltar repetidamente a ele.

Esses primeiros contatos propiciam à criança a descoberta do livro como um objeto especial, diferente dos outros brinquedos, mas também fonte de prazer. Motivam-na para a concretização maior do ato de ler o texto escrito, a partir do processo de alfabetização, gerando a promessa de autonomia para saciar a curiosidade pelo desconhecido e para renovar emoções vividas.

Melhor do que qualquer tentativa de explicar isso é buscar novamente o relato de Sartre: "Eu não sabia ainda ler, mas já era bastante esnobe para exigir os *meus livros*... Peguei os dois volumezinhos, cherei-os, apalpei-os, abri-os negligentemente na 'página certa', fazendo-os estalar. Debalde: eu não tinha a sensação de possuí-los. Tentei sem maior êxito tratá-los como bonecas, acalentá-los, beijá-los, surrá-los. Quase em lágrimas, acabei por depô-los sobre os joelhos de minha mãe. Ela levantou os olhos de seu trabalho: 'O que queres que eu te leia, querido? As Fadas?' Perguntei, incrédulo: As Fadas estão *aí dentro*?"

Já os adultos tendem a uma postura mais inibida diante do objeto livro. Isso porque há, sem dúvida, uma tradição de culto a ele. Mesmo quando não tinham a forma pela qual hoje os conhecemos, os livros eram vistos como escritura sagrada, portadora da verdade, enigmática ou perigosa. E é inegável a seriedade que uma biblioteca sugere.

A casa onde se encontra uma estante com livros por si só já conota certo refinamento de espírito, inteligência, cultura de seus moradores. Quanto mais livros melhor. Não é à toa que se compra (às vezes por metro) belos exemplares encadernados e se os põe bem à mostra, alardeando aos visitantes o *status* letrado. Mesmo que esses livros jamais sejam manuseados, sua simples presença física basta para indiciar sabedoria. Os fetichistas compram-nos indiscriminadamente, mais em função de seu aspecto do que pela sua representatividade, devido ao seu valor intrínseco, por seu conteúdo ou autor. Há ainda um tipo de fetichista mais sutil: o bibliófilo, colecionador de raridades, as quais muitas vezes sequer tem condições de avaliar, mas exibe-as com tal orgulho como se a mera posse dos exemplares já lhe facultasse o reconhecimento efetivo de importância cultural e social, quando não a exclusividade de manuseio, deixando aos demais leitores apenas a possibilidade de ler mediados por uma vitrina.

Diante de tal poder — a simples posse do objeto livro pode significar erudição; sua leitura levar à salvação os incrédulos, como quando repositório das palavras de Cristo nos Evangelhos, ou construir a loucura, como a do cavaleiro andante Quixote —, a atitude do homem comum é historicamente de respeito.

Mesmo o advento da era eletrônica, com o rádio e a televisão, antes de arrefecer o culto aos meios impressos e especialmente ao livro, acabou enfatizando sua importância. A suspeita — ameaçadora para uns (letrados) e alentadora para outros (iletrados) — de que a escrita não seria mais "indispensável para saber das coisas" não se concretizou. Pelo contraste entre o facilitário da comunicação eletrônica ou da comunicação oral e a complexidade da escrita, acabam ainda sendo mais valorizados os textos impressos, os livros, em particular, e seus leitores. Estes optam pelo mais "difícil" e, por ser a escrita mais difícil de entender, seria possivelmente mais importante que os outros meios. Esse tipo de raciocínio, comum entre a população iletrada e, sem dúvida, estimulado pelos intelectuais, resulta ser um dos fatores maiores de sustentação do culto da letra e dos livros.

Os possuidores do poder da palavra escrita se encarregam de sublinhar e alargar a aura mistificadora que a envolve, certos de estarem, eles também, sob a proteção dos deuses, enquanto ao leitor em geral cabe a submissão: o que está escrito, impresso e, principalmente, publicado em forma de livro é inquestionável; significa sabedoria, ciência, arte a que o comum dos mortais só atinge como receptor passivo. Não era de graça que Catulo da Paixão Cearense, quando mostrava a alguém seus manuscritos, advertia para o fato de que, depois de impressos, ficariam melhores e, ao saírem em livro, estariam excelentes.

Corolário desse poder é a ameaça que os textos escritos podem inspirar. Daí as queimas e destruições, as proibições daqueles considerados perigosos pelos seus concorrentes na força de persuasão e opressores do pensamento e expressão livres. O exemplo mais acabado encontramos no *Index Librorum Proibitorum* (Índice dos Livros Proibidos), uma lista de títulos elaborada pela Igreja Católica Romana "para impedir a contaminação da fé ou a corrupção moral". De meados do século XVI até 1966, quando foi suspenso, inúmeras edições do *Index* foram publicadas e, consequentemente, milhares de punições executadas, em função da desobediência às proibições. Há quem tenha rezado muitas Ave-Marias de penitência por ter lido algum dos livros malditos, quando não apenas por possuí-los ou manuseá-los. E há quem literalmente perdeu a cabeça por tê-los escrito. Mas não são apenas religiosos os pretextos de proibição. Os governos autoritários têm sido os maiores censores. E disso nós sabemos muito bem.

Mesmo cercado de tal fama, o objeto livro nem sempre convence por si só. Sua aparência também impressiona, bem ou mal. Quem de nós não rechaçou um deles por ser impresso em tipos muito miúdos, por ser muito grosso, ou devido à mancha gráfica compactamente distribuída na página, ao papel áspero e à brochura ou encadernação não se acomodarem às nossas mãos?

Os racionalistas dirão: mas o importante é o que está escrito! Não se trata de racionalizar: a questão aqui envolve os sentidos. Do contrário, como explicar o prazer que pode despertar aos olhos e ao tato um belo exemplar, em papel sedoso, com ilustrações coloridas e planejamento gráfico bem cuidado, mesmo o texto escrito sendo piegas, cheio de falsas verdades ou ainda absolutamente indecifrável? E a revista inescrutável, envolta por um plástico, deixando à mostra apenas a capa atraente e estimulante?

Num primeiro momento o que conta é a nossa resposta física ao que nos cerca, a impressão em nossos sentidos. Estes, entretanto, estando ligados às emoções e à razão, às vezes pregam peças, surpreendendo, perturbando, mudando o percurso de nossa leitura.

Quantos já se dirigiram a alguém efusivamente descobrindo logo tratar-se de pessoa desconhecida? E aquela almofada macia e quentinha que virou num gato nos arranhando? Há também o caso do filme em branco e preto, em cópia velha, que resulta inesperadamente bom. Uma revista visualmente agradável que, de repente, deixa de ter qualquer interesse para nós. Ou um livreco de sebo, meio rasgado e sujo, com péssimo planejamento gráfico, que acaba nos agarrando.

Assim, quando uma leitura — seja do que for — nos faz ficar alegres ou deprimidos, desperta a curiosidade, estimula a fantasia, provoca descobertas, lembranças — aí então deixamos de ler apenas com os sentidos para entrar em outro nível de leitura — o emocional.

Leitura emocional

Sob o ponto de vista da cultura letrada, se a leitura sensorial parece menor, superficial pela sua própria natureza, a leitura emocional também tem seu teor de inferioridade:

ela lida com os sentimentos, o que necessariamente implicaria falta de objetividade, subjetivismo. No terreno das emoções as coisas ficam ininteligíveis, escapam ao controle do leitor, que se vê envolvido por verdadeiras armadilhas trançadas no seu inconsciente. Não obstante, essa a leitura mais comum de quem diz gostar de ler, talvez a que dê maior prazer. E, mais uma contradição, é pouco revelada e muito menos valorizada.

Certas pessoas, situações, ambientes, coisas, bem como conversas casuais, relatos, imagens, temas, cenas, caracteres ficcionais ou não têm o poder de incitar, como num toque mágico, nossa fantasia, libertar emoções. Vêm ao encontro de desejos, amenizam ou ressaltam frustrações diante da realidade. Levam-nos a outros tempos e lugares, imaginários ou não, mas que naquelas circunstâncias respondem a uma necessidade, provocam intensa satisfação ou, ao contrário, desencadeiam angústia, levando à depressão. Tudo se passa num processo de identificação; não temos controle racional sobre isso, pelo menos naquele momento. E quando nos percebemos dominados pelos sentimentos, nossa reação tende a ser a de refreá-los, ou negá-los, por "respeito humano", conforme os católicos, ou, como explica Freud, por um mecanismo de defesa, pois a expressão livre das emoções nos torna demasiado vulneráveis.

Esses os motivos pelos quais procuramos escamotear ou justificar uma leitura emocional, uma vez passado seu impacto. Chegamos mesmo a ridicularizá-la, tempos depois, menosprezando nossa capacidade como leitor, na ocasião. Tolice. A leitura foi tão ou mais "correta" — se existe *uma* leitura assim — que a feita com o passar do tempo ou "de cabeça fria". Naquele momento contaram apenas as nossas emoções.

Por que negar o fato de nos emocionarmos ao assistir a uma cena amorosa real ou na telenovela, ao ouvir uma canção romântica ou em face de uma contrariedade doméstica, de uma injustiça social inexorável? Não são essas situações e reações comuns à maioria dos homens?

Acontece que, por um lado, a gente não quer parecer comum; cada um de nós deseja marcar-se como personalidade, não só para os outros como para si próprio, mesmo que por meio de estereótipos inculcados, de uma conduta pré-fabricada e supostamente desalienante, "racional". Por outro, somos intolerantes diante de manifestações estranhas ao que se convencionou chamar de expressão equilibrada, consciente. Tudo isso acaba, não raro, mediocrizando e complicando ainda mais nossas vidas. Se não mascarássemos as nossas leituras e a sua memória, talvez elas nos revelassem muito mais de nós mesmos, das nossas condições de vida então. E do confronto de leituras certamente sairíamos fortalecidos.

O que é leitura 51

Muitas vezes descobrimos, gravadas em nossa memória, cenas e situações encontradas durante a leitura de um romance, de um filme, de uma canção. E sentimos que elas, com o passar do tempo, se tornaram referências de um período especial de nossas vidas, cheio de sonhos e aspirações.

Ocorrem também lembranças mais prosaicas e desagradáveis. Imaginem um texto lido às pressas para realizar uma prova. Tudo nele aborrece ou preocupa por ter-se que dar conta de seu conteúdo, provavelmente devendo-se ainda encontrar-lhe qualidades. Na verdade pouco ou nada é elaborado. A leitura pode até se tornar insuportável; um verdadeiro exercício de angústia. Esse texto, mesmo se passando muito tempo sem vê-lo ou sem referências a seu respeito, está marcado. Dificilmente voltamos a ele de espírito aberto, sem preconceito. E, caso o consigamos, talvez até tenhamos uma surpresa agradável: porque se mostra atraente, enquanto também reaviva um pouco da nossa história quando da primeira leitura, ou porque definitivamente tem confirmada a sua insignificância para nós, o que não deixa de ser revelador.

Não sentimos algo semelhante com relação a alguém ou a alguma coisa que, em princípio, nos agrada ou desagrada? Um certo ator, um parente, um vizinho, um objeto, um acontecimento? Essa uma das razões para considerar-se a primeira leitura definitiva. Como vimos, talvez não seja, mas sem dúvida é marcante. Por que, assim mesmo, receamos revelá-la?

Na leitura emocional emerge a empatia, tendência de sentir o que se sentiria caso estivéssemos na situação e circunstâncias experimentadas por outro, isto é, na pele de outra pessoa, ou mesmo de um animal, de um objeto, de uma personagem de ficção. Caracteriza-se, pois, um processo de participação afetiva numa realidade alheia, fora de nós. Implica necessariamente disponibilidade, ou seja, predisposição para aceitar o que vem do mundo exterior, mesmo se depois venhamos a rechaçá-lo.

A criança tende a ter maior disponibilidade que o adulto pelo simples fato de, em princípio, tudo lhe ser novo e desconhecido e ela precisar conhecer o mais possível a fim de aprender a conviver com esse mundo. Assim sendo, não só é mais receptiva como mais espontânea quanto a manifestar emoções. Acaba então revelando a empatia de modo até exacerbado. Daí sermos condescendentes, não levarmos muito "a sério" suas manifestações, consideradas "infantis", isto é, não condicionadas pelas normas de conduta adulta. Haverá aí uma ponta de inveja nossa por aquela espontaneidade perdida? Será por isso que fica mais difícil expressar certos sentimentos nossos em relação a determinadas leituras?

***

Talvez conviesse nesse momento pensarmos o texto menos como um objeto (como foi evidenciado na leitura sensorial) e mais como um acontecimento, algo que acontece ao leitor. Principalmente porque na leitura emocional não importa perguntarmos sobre o seu aspecto, sobre o que um certo texto trata, *em que* ele consiste, mas sim o que ele *faz*, o que *provoca* em nós.

Às vezes, temos uma semiconsciência de estarmos lendo algo medíocre, sem originalidade, mistificador da realidade ou sem representatividade estética, social, política, científica. Trate-se de um romance, um filme, um relato histórico, uma reportagem, um manual de comportamento sexual. Mas essa dúvida aparece parcial e remotamente. Define nossa ligação com o texto algo mais forte e inexplicável, irracional. Por isso nos sentimos inseguros, quase incapacitados de explicar porque nos prendemos à leitura. E ocorre, por certo, a situação inversa: apesar do reconhecimento geral do valor de um texto, nossa resposta a ele é de total desagrado, o que também nos causa constrangimentos.

Podem-se encontrar as determinantes dessas preferências e rejeições, aparentemente descabidas, tanto no universo social como no individual.

No primeiro caso, a fonte primária está na nossa relação com os modelos de comportamento, com os mitos transmitidos a nós por uma ordem social, cultural, política. Para examinar a questão sob esse ponto de vista, digamos, exterior, precisaríamos verificar em que medida e por que nos deixamos dominar ou influenciar por sistemas de ideias que mascaram a realidade. Há aí todo um processo de formação e condicionamento ideológico que nos plasmou como membros de uma determinada classe social, de uma religião, de um partido político, de uma profissão. Todavia, não basta compreendermos isso. No segundo caso, é preciso saber como esses fatores externos se relacionam com o nosso inconsciente, com o nosso universo interior, afinal onde se forma e se desenvolve a nossa emocional idade. Para conhecê-lo, torna-se necessário analisar nossas fantasias, nossos sonhos em vigília ou durante o sono.

Ambas as tarefas requerem um grau considerável de conhecimento, de reflexão, de interpretação da nossa história social e pessoal. E isso só conseguimos realizar no decorrer de toda uma trajetória de vida. Há, porém, um recurso mais imediato e viável para começar a investigação: o das rememorações da infância e adolescência, das lembranças de leituras realizadas e das predileções e aversões atuais.

Se, por exemplo, quando criança ou adolescente, a preferência foi por ficção de aventuras, tipo Tarzan, Zorro ou, mais recentemente, Batman, Super-homem, a fixação afetiva possivelmente se deu com relação às personagens-título. Apesar de as narrativas serem basicamente calcadas na sequência de acontecimentos, o tempo e o espaço em que se desenrolam contam menos que a identificação do leitor com o herói. Atraem mais a sua personalidade e seu modo de agir, seja por se assemelharem à imagem que o leitor faz de si ou pelo paradoxo, isto é, por revelarem a imagem idealizada às avessas, caracterizando-se a atração pelos opostos.

Com o correr do tempo, outras preferências de leitura surgem, mas permanece a ligação inicial, a ponto de a mera visão de um filme ou exemplar dessas aventuras desencadear um processo nostálgico, não raro levando à retomada dos textos. Talvez então ocorra um distanciamento. Porém é mais comum nos deixarmos envolver com a mesma disponibilidade da infância ou adolescência (principalmente se não há testemunhas dessa recaída). E a releitura se desenvolve entre uma semiconsciência de que talvez o texto "não valha nada" bem como a imersão na magia que ele permanece oferecendo. E a criança que ainda somos emergindo no adulto, possibilitando também conhecermo-nos mais.

E quanto às foto novelas, às telenovelas ou aos programas de rádio e TV tipo mundo-cão, agora voltando com força total e plena aceitação? Sua característica comum, diz-se, é o gosto popular. Para Ligia Chiappini, "há todo um processo de identificação do público. Essas classes sociais para as quais são dirigidos vivem muito mais os problemas da violência. Não apenas a violência criminal, mas tudo aquilo que sofrem no seu cotidiano: a fome, a doença, o trabalho árduo, toda a sorte de dificuldades".

De fato, uma leitura mesmo superficial revela muitos quadros intimamente ligados às frustrações e angústias de cada leitor, vindo também ao encontro de suas fantasias mais comuns. Diante das desgraças presenciadas através do vídeo, ouvidas pelo rádio ou lidas nos jornais e revistas, tende a desenvolver-se no leitor um processo catártico: se as suas agruras são tantas, há piores... Por outro lado, há sempre algo que alimenta a ilusão de se conseguir, como na novela, "tirar o pé do barro", num golpe de sorte: um amor rico, uma herança, uma alma generosa...

Investigando as leituras de operárias (numa fábrica de São Paulo), Ecléa Bosi constata a preferência por revistas sentimentais, sendo as narrativas típicas as fotonovelas, histórias em quadrinhos infantis, reportagens sobre a vida de artistas, realização do sonho de uma criança doente, crônica de milagre, carta ao consultório sentimental. Fundamentando-se em Freud e Gramsci, observa não ser "a busca de uma compensação *qualquer* que move e comove a leitora de fotonovela, mas a de um correlato imaginário de sua posição específica no sistema social. Situação em que se interpenetram carências econômicas básicas, graves limitações de cultura e, via de regra, a impossibilidade de transcender, pelos próprios esforços, o horizonte que sua classe e seu *status* circunscrevem".

Vê-se, nesses exemplos, a importância da leitura emocional não só no âmbito individual, mas no das relações sociais, evidenciando-se a necessidade de se dar a ela mais atenção. O inconsciente individual e o universo social orientam seus passos. Não obstante, geralmente é considerada de menor significação pelos estudiosos, enquanto para muitos leitores adquire validade principalmente em momentos de lazer, descomprometimento. Isso se deve muito ao fato de ser vista como *leitura de passatempo*, seja qual for o grau de instrução, cultura, *status* social do leitor. Roland Barthes, ensaísta e estudioso da literatura e outras formas de expressão, declara que para ler, senão voluptuosamente, pelo menos gulosamente, é preciso ler fora de toda a responsabilidade crítica; o leitor, então, *consome* o texto sem se perguntar *como* ele foi feito.

Enquanto passatempo, essa leitura revela a predisposição do leitor de entregar-se ao universo apresentado no texto, desligando-se das circunstâncias concretas e imediatas. Daí ser também encarada como leitura de evasão, o que conota certo menosprezo por ela, quando, na realidade, deveria levar a uma reflexão aprofundada.

O leitor, então, consome o texto sem se perguntar como ele foi feito.

Na aparente gratuidade da leitura de uma novela de TV, uma revista de modas, uma fotonovela, uma comédia cinematográfica, um romance policial ou pornográfico, está implícito o modo que encontramos para extravasar emoções, satisfazer curiosidades e alimentar nossas fantasias. Sentimentos esses que, no nosso cotidiano, não podemos ou não queremos expressar. A leitura transforma-se, então, numa espécie de válvula de escape. Mas não apenas isso: direta ou indiretamente, ajuda a elaborar — através do relaxamento de nossas tensões — sentimentos difíceis de compreender e conviver. Assim sendo, o conceito de escapismo aplicado ao modo de ler torna-se ambíguo, como observa Robert Escarpit; embora possua uma carga pejorativa, o termo evasão pode significar "fuga para a liberdade e consequentemente uma abertura intencional de novos horizontes".

Essa a razão pela qual não se pode simplesmente imputar à leitura emocional a característica de alienante. Por certo, se me torno dependente dela e a *uso* sistematicamente como refúgio para afastar-me de uma realidade insuportável, meu comportamento deixa de ser o de quem busca momentos de lazer e distensão ou distração para ser o de alguém que se nega a viver seus próprios problemas e, em consequência, não luta para solucioná-los. Ao preferir o desligamento de si e a imersão no universo do que é lido, deixa-se de estabelecer as relações necessárias para possibilitar a diferenciação e compreensão tanto do contexto pessoal e social quanto do ficcional ou mistificador da realidade. Caracteriza-se, então, a total submissão do leitor, tornando-se ele vulnerável e suscetível à manipulação. E os estragos causados são consideráveis.

Tudo o que lemos, à exceção da natureza (isso se não considerarmos a interferência do homem nela), é fruto de uma visão de mundo, de um sistema de ideias e técnicas de produção, caracterizando um comprometimento do autor com o que produz e, por certo, com seus possíveis leitores. Há, portanto, relação entre texto e ideologias, pois estas são inerentes à intenção (consciente ou inconsciente) do autor, a seu modo de ver o mundo, tornando-se também elementos de ligação entre ele e os leitores de seu texto (este não nos interessa aqui pelo seu valor intrínseco — se artístico ou não, discutível ou elogiável, bem ou mal realizado — importa antes como algo sujeito a leituras).

Mas se há uma intencional idade na criação, ela sabidamente nem sempre corresponde ao modo como a leitura se realiza. A resposta do leitor depende de inúmeros fatores presentes no ato de ler. Estando predisposto a entregar-se passivamente ao texto, tende a se deixar envolver pela ideologia ou ideologias nele expressas (explícitas ou não), daí a sua vulnerabilidade.

Sempre haverá, entretanto, momentos de distanciamento, quanto mais não seja, causados por fatores externos à leitura (a interrupção do ato de ler, por exemplo). E nessas ocasiões, vindo à tona, emergindo do universo lido, o leitor pode estabelecer relações entre seu mundo e o do texto. Há então oportunidade para elaborar as emoções desencadeadas pela leitura. Às vezes, a retomada do texto significa também uma nova postura diante dele; outras, o fato de termos interrompido a leitura não nos impede de mergulharmos novamente nela, como se narcotizados, mesmo havendo então emoções diferenciadas.

Assim, além da história pessoal do leitor e do seu contexto, fica de novo sublinhado o quanto os fatores circunstanciais da leitura influem no tipo de resposta dada ao texto. Um dramalhão, uma notícia de jornal ou um incidente cotidiano podem suscitar lágrimas ou gargalhadas; um clássico do teatro, da literatura ou do cinema talvez provoquem bocejos ou emoções as mais profundas e duradouras. Depende muito do referencial da leitura, da situação em que nos encontramos, das intenções com que nos aproximamos dela, do que ela desperta de lembranças, desejos, alegrias, tristezas.

Importa, por fim, frisar o quanto em geral reprimimos e desconsideramos a leitura emocional, muito em função de uma pretensa atitude intelectual. Todavia, se interrogadas sobre os motivos que as levam a ler livros, revistas, ir ao cinema, assistir televisão ou mesmo ouvir fofocas, muitas pessoas revelam ser para se distrair. Isso não significa serem leitores desatentos ou incapazes de pensar um texto. Apenas sua tendência mais comum é deixarem-se envolver emocionalmente pelo que leem. Ocorre, entretanto — e cada vez com maior frequência —, as pessoas sentirem necessidade de justificar suas preferências de leitura, racionalizar seus gostos.

A convivência, senão a conveniência social, cultural e política, principalmente nos centros urbanos, vai-nos transformando em joguetes de nossas racionalizações, levando-nos a expressar emoções dissimuladas, quando não contrárias ao que realmente sentimos. Então um filme, uma reportagem, um livro, uma canção, uma escultura, uma pessoa, que nos desgostam ou agradam profundamente, são lidos de um jeito e a leitura revelada de modo distorcido. E agimos assim porque temos motivos ditos intelectuais para isso. Estamos, nesse caso, penetrando — ainda que pela porta dos fundos — em outro nível de leitura — o racional.

Leitura racional

Para muitos só agora estaríamos no âmbito do *status* letrado, próprio da verdadeira capacidade de produzir e apreciar a linguagem, em especial a artística. Enfim, leitura é

O que é leitura 63

coisa séria, dizem os intelectuais. Relacioná-la com nossas experiências sensoriais e emocionais diminui sua significação, revela ignorância. Imagine-se o absurdo de ir ao teatro e divertir-se com *Otelo* ou *Ricardo III* ou, pior ainda, representar Shakespeare em tom popularesco: uma afronta ao bardo inglês e à *Cultura*. Como admitir também que um filme de Ingmar Bergman possa aborrecer; que a música erudita contemporânea pareça apenas barulho aos nossos ouvidos; que *Ulisses*, de Joyce, se revele um tijolaço sem sentido para nós?

Essa a postura intelectualizada e dominante. Não por ser da maioria dos leitores. Pelo contrário, foi concebida e é mantida por uma elite, a dos intelectuais: pensadores, estetas, críticos e mesmo artistas que reservam a si o direito de ditar normas à nossa leitura, bem como guardam para si o privilégio da criação e fruição das artes, das ideias, das coisas boas da vida.

Antes de prosseguir, convém esclarecer. Há uma série de características diferenciadoras entre as diversas categorias de intelectuais (Horácio Gonzales estuda-as em outro livro desta coleção). Aqui generalizo e simplifico o sentido de intelectual, levando-o, inclusive, à radicalização pejorativa, pois evidencio o elitismo, o intelectualismo. O objetivo disso está em querer sublinhar o que há de negativo na postura comumente entendida como intelectual.

A leitura a esse nível intelectual enfatiza, pois, o intelectualismo, doutrina que afirma a preeminência e anterioridade dos fenômenos intelectuais sobre os sentimentos e a vontade. Tende a ser unívoca; o leitor se debruça sobre o texto, pretende vê-lo isolado do contexto e sem envolvimento pessoal, orientando-se por certas normas preestabelecidas. Isto é: ele endossa um modo de ler preexistente, condicionado por uma ideologia. Tal postura dirige a leitura de modo a se perceber no objeto lido apenas o que interessa ao sistema de ideias ao qual o leitor se liga. Muitas vezes se usa, então, o *texto como pretexto* para avaliar e até provar asserções alheias a ele, frustrando o conhecimento daquilo que o individualiza.

Ao se aplicar um esquema de leitura ao texto, adotando um comportamento estereotipado em relação a ele, põe-se também de lado uma maneira de ler, de dar sentido, nossa, autêntica, em função de uma leitura supostamente correta porque sob o beneplácito de intelectuais. Assim, se estes autorizam a reverência, o riso, o entusiasmo ou o Menosprezo em face de um texto, "revogam-se as disposições em contrário".

Outro aspecto muito difundido dessa concepção intelectual liga-se ao fato de, em princípio, ela limitar a noção de leitura ao texto escrito, pressupondo educação formal e certo grau de cultura ou mesmo erudição do leitor.

Como se viu de início, discuto aqui a visão da leitura confinada à escrita e ao texto literário ou às manifestações artísticas em geral, propondo vê-la como um processo de compreensão abrangente, no qual o leitor participa com todas as suas capacidades a fim de apreender as mais diversas formas de expressão.

Assim, na perspectiva proposta aqui, a competência para criar ou ler se concretiza tanto por meio de textos escritos (de caráter ficcional ou não) quanto de expressão oral, música, artes plásticas, artes dramáticas ou de situações da realidade objetiva cotidiana (trabalho, lazer, relações afetivas, sociais). Seja o leitor inculto ou erudito, seja qual for a origem do objeto de leitura, tenha ele caráter utilitário, científico, artístico, configure-se como produto da cultura folclórica, popular, de massa ou das elites.

Reforça-se, então, o que já foi dito: a construção da capacidade de produzir e compreender as mais diversas linguagens está diretamente ligada a condições propícias para ler, para dar sentido ou atribuir significado a expressões formais e simbólicas, representacionais ou não, quer sejam configuradas pela palavra, quer pelo gesto, pelo som, pela imagem. E essa capacidade relaciona-se em princípio com a aptidão para ler a própria realidade individual e social.

Essas considerações são básicas para se perceber a diferença entre a leitura intelectual e a racional, como as coloco aqui. A leitura racional é certamente intelectual, enquanto elaborada por nosso intelecto; mas, se a enuncio assim, é para tornar mais evidentes os aspectos positivos contra os negativos do que em regra se considera leitura intelectual.

Importa, pois, na leitura racional, salientar seu caráter eminentemente reflexivo, dialético. Ao mesmo tempo em que o leitor sai de si, em busca da realidade do texto lido, sua percepção implica uma volta à sua experiência pessoal e uma visão da própria história do texto, estabelecendo-se, então, um diálogo entre este e o leitor com o contexto no qual a leitura se realiza. Isso significa que o processo de leitura racional é permanentemente atualizado e referenciado.

Em síntese, a leitura racional acrescenta à sensorial e à emocional o fato de estabelecer uma ponte entre o leitor e o conhecimento, a reflexão, a reordenação do mundo objetivo, possibilitando-lhe, no ato de ler, atribuir significado ao texto e questionar tanto a própria individualidade como o universo das relações sociais. E ela não é importante por ser racional, mas por aquilo que o seu processo permite, alargando os horizontes de expectativa do leitor e ampliando as possibilidades de leitura do texto e da própria realidade social.

É extremamente elucidativo um episódio relatado por Marilena Chauí, em trabalho no qual examina a relação entre a obra e o destinatário, num painel de considerações acerca de "Conceitos de História e Obra". Esse relato fica ainda mais esclarecedor para nós se pensarmos os termos "ver" e "visão", usados pela autora, como *ler* e *leitura*, respectivamente:

"Eu tenho uma estatueta de barro nordestina representando uma fábrica de farinha de mandioca. Uma faxineira minha, nordestina, um dia limpando a estatueta me contou que havia trabalhado numa fábrica daquelas. Não só descreveu cada uma das etapas do trabalho, a função de cada instrumento, mas também o próprio ato de trabalhar; quais os movimentos a fazer em cada etapa, a duração de cada um deles, o cansaço, o calor, a necessidade de mudar de posição etc. A estatueta era para ela reprodução de algo concreto e memória. Ela contemplava a estatueta, mas sua contemplação e a minha nada tinham em comum. Eu sabia que era uma cena de trabalho, mas não sabia o que era esse trabalho. As posições das figuras e dos objetos eram aleatórias para mim e necessárias para a faxineira. Meu primeiro impulso foi pensar: nunca tinha visto esta estatueta — isto é, 'ver' a estatueta para vê-la com os olhos da faxineira — fabricante de farinha. A consequência foi distinguir uma visão verdadeira e outra falsa, autêntica e inautêntica, profunda e superficial. Levou certo tempo para que eu percebesse o 'objetivismo' das minhas reações. Eu estava supondo que existia uma estatueta que era a escultura posta diante de dois pares de olhos diferentes — havia uma obra e dois destinatários, um dos quais via a obra e o outro nada via. Estava pressuposta a unidade/identidade da obra através da junção entre a estatueta e o olhar da faxineira, pondo fora do campo da obra o meu próprio olhar. Foi só quando me dei conta do desejo da unidade/identidade que depositei na estatueta que percebi o que é destruir o trabalho da obra, isto é, uma experiência diferente no campo de experiência de duas pessoas diferentes. A obra é a estatueta, o trabalho do escultor, o olhar da faxineira, o meu e quantos outros que diante dela a incorporarem como experiência visual ou de memória. A partir do instante que fica depositada a verdade em uma das visões e a falsidade na outra, você tem duas atitudes possíveis diante de uma obra: ou você quer se tornar o portador, o porta-voz da verdade que foi expressada, ou você se considera incapaz de ver o que um outro privilegiado está vendo. Esse maniqueísmo é perigoso, sobretudo em se tratando de cultura popular. Perdendo a obra como trabalho podemos perder o fato de que a estatueta *produz* essas *duas visões*, que essas duas visões só sejam possíveis a partir dessa estatueta. O que a faz ser uma obra é o fato de que ela seja memória para uma pessoa e representação de uma forma de trabalho ignorada para outra. E isso que ela é. E ela não é mais verdadeira ou menos verdadeira num caso e noutro; ela é as duas coisas, e essas duas visões estão incorporadas, agora, na estatueta, fazem parte da história da estatueta".

Embora a autora esteja refletindo acerca de obra e de como é discutível a questão de ser autêntica ou inautêntica, de haver uma leitura correta e outra errada, para nós, aqui, o episódio relatado e sua reflexão tornam-se ainda mais expressivos por exemplificarem o quanto significam para a leitura a história, a memória do leitor e as circunstâncias do ato de ler.

Por um lado, o relato deita por terra a ilusão de só os intelectuais terem condições de assimilar certas formas de expressão, especialmente a estética. Não se pode ignorar que a conotação mais persistente da palavra *intelectual* confere àquele que designa uma certa aura intocável, inquestionável. Isso faz com que ainda muitos sejam vistos e se vejam como os escolhidos, cujos sentidos e emoções são "educados" pela postura objetiva, crítica. Mas o que pretendem ser "objetividade" (e se revela como "objetivismo", para Marilena Chauí), em vez de levá-los à apreciação e compreensão abrangente do mundo, não raro desloca-os para a guarita de um saber abstrato. Por outro lado, com esse relato, fica também questionada a ilusão populista de que só o povo teria "o poder da verdade", cabendo a ele fazer a leitura "correta".

***

Tratando da leitura do texto escrito, Jorge Luis Borges, o grande escritor argentino, assinala a "ética supersticiosa do leitor", que pretende uma postura intelectual, mas realiza uma leitura de "atenções parciais". Nela não importam a eficácia ou eficiência de uma página, porém as habilidades aparentes de escritor: recursos de linguagem, sonoridade, sintaxe, pontuação, enfim "tecniquices", segundo Borges, que obscurecem as emoções e convicções do leitor, em função de um suposto modo correto ou adequado de escrever e ler um romance, um poema.

Na verdade, frequentemente confunde-se a leitura racional com a investigação pura e simples do arcabouço formal de um texto, com o exame de sua estrutura interna enquanto sistema de relações entre as partes que o compõem, sem efetivamente estudá-lo como um todo, como expressão de uma visão de mundo. Realiza-se assim o que o estruturalismo ortodoxo apregoou e ainda proclama: o estudo do "texto em si". Esse tipo de leitura elimina a dinâmica da relação leitor-texto-contexto, limitando consideravelmente uma compreensão maior do objeto lido.

O chamado distanciamento crítico, característico da leitura racional sem dúvida induz a disposição sensorial e o envolvimento emocional a cederem espaço à prontidão para o questionamento. No entanto, estudando a relação do leitor com o texto, se observa a tendência de acentuar o que é verificável ocasionalmente nesse texto, a partir do vivido no decorrer da leitura sensorial e/ou emocional. Estas percebem-no como objeto, acontecimento, emoção, enquanto a leitura racional permite conhecê-lo familiarmente sem apenas senti-lo. Pode-se então estabelecer uma visão mais objetiva do processo de elaboração de materiais, formas, linguagem, temática, simbologia.

Na leitura emocional o leitor se deixa envolver pelos sentimentos que o texto lhe desperta. Sua atitude é opiniática, tende ao irracional. Contam aí os critérios do gosto: gosta ou não do que lê por motivos muito pessoais ou por características textuais que nem sempre consegue definir. Muito menos se coloca a questão de como o objeto lido se constrói. Já na leitura racional o leitor visa mais o texto, tem em mira a indagação; quer mais compreendê-lo, dialogar com ele.

Isso nos leva a considerar a leitura racional como sendo especialmente exigente, pois a disponibilidade emocional, o processo de identificação, agora, se transformam em desprendimento do leitor, em vontade de apreender um processo de criação. Como diz Barthes, advém da necessidade de colocar-se dentro da produção, não dentro do produto. E, nesse sentido, Barthes vê a leitura como a "parente pobre" da criação, sendo seu objetivo o de reencontrar *como* algo foi criado.

Mas de que modo se realiza essa leitura? Parece inegável ela supor um esforço especial; não podemos simplesmente nos apropriar do texto ou aceitá-lo passivamente. Temos, antes, que conquistá-lo, conhecendo e respeitando suas características próprias. Isso implica cercá-lo de uma atenção tal que nos leve a perceber peculiaridades, aquilo que o diferencia dos demais, torna-o algo único, não importa se apresente maior ou menor grau de qualidade. Aliás, quando se fala em qualidade, em critérios de valor, estamos necessariamente diante do confronto entre um e outros textos, entre leituras. Cotejando-os, evidencia-se aquilo que individualiza cada um. E quanto maiores as possibilidades de confrontar, melhores as condições para apreender isso.

Quem leu um único romance, por exemplo, pode ter opinião definida, senão definitiva, sobre literatura de ficção. Seu repertório desse tipo de leitura, talvez por ser bem limitado, permite maior clareza de critérios. Para quem leu inúmeros, as coisas se tornam mais complexas, os parâmetros diversificam-se. Não vai aí nenhum juízo de valor para um ou outro tipo de leitura, leitor ou texto. Quero, com esse exemplo, apenas observar que, ao se ampliarem as fronteiras do conhecimento, as exigências, necessidades e interesses também aumentam; que, uma vez encetada a trajetória de leitor a nível racional, as possibilidades de leitura de qualquer texto, antes de serem cada vez menores, pelo contrário, multiplicam-se. Principalmente porque nosso diálogo com o objeto lido se nutre de inúmeras experiências de leitura anteriores, enquanto lança desafios e promessas para outras tantas.

***

Cabe aqui uma observação, talvez dispensável, caso não viesse dar força ao que tentei sublinhar no decorrer desta reflexão. Embora enfatizasse a leitura das mais diferentes linguagens, a da escrita acabou se impondo; os exemplos literários evidenciam isso. Primeiro, porque é através dela que o próprio ato de ler tem sido pensado; segundo, porque na literatura se encontram elementos aos quais podemos voltar inúmeras vezes, testando nossa memória, incitando nosso imaginário, deixando sentidos, emoções e pensamentos serem permeados pela variedade de significados que pode possuir uma única palavra.

Além disso, quer se queira ou não, todos estamos historicamente ligados à noção de leitura como referindo-se à letra, talvez o sinal mais desafiador e exigente em qualquer nível, especialmente o racional. E, creio, quanto mais lermos de modo abrangente, mais estaremos também favorecendo nossa capacidade de leitura do texto escrito. Sem dúvida, o intercâmbio de experiências de leituras desmistifica a escrita, o livro, levando-nos a compreendê-los e apreciá-los de modo mais natural, e certamente estaremos assim fortalecendo nossas condições de leitores efetivos das inumeráveis mensagens do universo em que vivemos.

***

Uma infinidade de aspectos num texto desencadear e orientar a leitura racional. Um dos mais comuns é a *narrativa*, sustentada praticamente por qualquer tipo de linguagem (falada, escrita, gestual, gráfica, plástica, musical, cinematográfica). Todo texto nos *conta* alguma coisa, seja por meio de uma narrativa nitidamente marcada pela sequencia cronológica dos acontecimentos, como no romance tradicional, seja de modo obscuro ou quase imperceptível, como num poema lírico ou numa composição musical. E a busca do processo narrativo — do modo como a história é contada — pode ser excelente deixa para a leitura racional.

Partindo do pressuposto de que nada é gratuito num texto, tudo tem sentido, é fruto de uma intenção consciente ou inconsciente, importa — e muito — na leitura racional captarmos como se constrói esse sentido ou sentidos. Para tanto, um dos aspectos mais significativos está no reconhecimento dos *indícios* textuais. Essas pequenas unidades de sentido são verdadeiras pistas para o leitor compreender o objeto lido em seu todo, mesmo que muitas vezes passem quase despercebidas ou que o autor as disponha de modo mais ou menos explícito, estabelecendo-se, assim, uma espécie de jogo; aliás, algo ainda mais estimulante para a leitura.

Nos romances ditos "psicológicos", com frequência a criação de indícios está presente na própria descrição das personagens; a característica física indica traços de personalidade. Às vezes esse recurso é usado de maneira caricatural, marcando o perfil de determinados tipos. Tem sido extremamente explorado nas narrativas populares, nos folhetins, nas fotonovelas, nas telenovelas, no cinema, no teatro. Os modelos clássicos dessa tipologia remontam à dupla Quixote/Pança, criação de Cervantes. Dom Quixote tem sua alienação e vulnerabilidade salientadas pelo porte frágil, longilíneo, doentio, envelhecido, contrastando com o ridículo de uma paramentação e atitudes de pseudocavaleiro, aliás, "Cavaleiro da Triste Figura". Sancho Pança, já no próprio nome, carrega algo de bonachão e primitivo, como sua aparência; embora "de muy poca sal en la mollera", seu espírito pragmático transforma-o em escudeiro perfeito para o sonhador Quixote.

O romance naturalista, postulando o princípio de que "o homem é fruto de seu meio", apresenta sempre indícios ambientais para corroborar traços do caráter e até explicar as ações das personagens. O nosso Aluísio de Azevedo é um exemplo de autor que utiliza esses recursos, para não falar de Zola ou do grande Eça de Queiroz.

Quanto ao texto policial ou ao fantástico, são sem dúvida pródigos na apresentação de indícios. Aliás, a pedra de toque para a solução do(s) mistério(s) ou para a criação de uma atmosfera sobrenatural. Se pensarmos nos filmes de Hitchcock, por exemplo, verificamos a habilidade com que o cineasta subverte a expectativa do leitor, criando falsos indícios ou aparentemente menosprezando pistas definitivas para desvendar a trama. Um olhar mais sombrio ou uma personagem de óculos escuros, em hora e lugar inesperados, podem parecer uma deixa do perseguidor ou assassino, quando, na verdade, trata-se de um inocente; um pássaro indefeso pode resultar no matador.

Aprendemos a ler esses indícios à medida que nossas experiências de leitura se sucedem; começamos assim a perceber como *são* construídos e dispostos no texto, qual a intenção do autor ao criá-los. No entanto, mesmo sabendo como e porque são armados os indícios, não quer dizer que o texto se torne *transparente* para nós. No caso de Hitchcock, como na maioria dos autores altamente criativos, mesmo o leitor percebendo um possível esquema de construção de indícios, há sempre a apresentação de um elemento novo desafiando-o. Assim constitui-se o que se chama de *opacidade de ambiguidade* do texto, aquela qualidade sua de negacear e se entregar ao mesmo tempo, de nos levar a querer compreendê-lo mais e mais e de nos possibilitar inúmeras leituras, parecendo até inesgotável.

A interação dos níveis de leitura

Vale retomar o que disse ao iniciar a questão dos níveis de leitura: eles são inter-relacionados, senão simultâneos, mesmo sendo um ou outro privilegiado. Deve, pois, ficar claro não haver propriamente uma hierarquia; existe, digamos, uma tendência de a leitura sensorial anteceder a emocional e a esta se suceder a racional, o que se relaciona com o processo de amadurecimento do homem. Porém, como quis mostrar aqui, são a história, a experiência e as circunstâncias de vida de cada leitor no ato de ler, bem como as respostas e questões apresentadas pelo objeto lido, no decorrer do processo, que podem evidenciar um certo nível de leitura.

Não se deve também supor a existência isolada de cada um desses níveis. Talvez haja, como disse, a prevalência de um ou outro. Mas creio mesmo ser muito difícil realizarmos uma leitura apenas sensorial, emocional ou racional, pelo simples fato de ser próprio da condição humana inter-relacionar sensação, emoção e razão, tanto na tentativa de se expressar como na de buscar sentido, compreender a si próprio e o mundo.

"A lâmpada branca, a querosene, no centro da mesa, dava claridade suficiente para a leitura e o crochê. Mesmo assim, de vez em quando um deles se aproximava do círculo vivo da luz que a pantalha concentrava sobre a tábua, para ler uma letrinha apagada ou acertar um ponto mais delicado. O estancieiro ocupava uma das cabeceiras. Dona Alzira sentava perto, na cadeira de embalo. Na outra ponta, as crianças brincavam... [Lelita] Juntando as palmas das mãos — seus dedos eram delgados, compridos, flexíveis — punha-se defronte à lâmpada e projetava na parede silhuetas de cabecinhas de cordeiro, de coelho, de gato se lambendo. A predileção do irmãozinho era toda pelas cabecinhas de coelho. Mas ela sabia fazer também outras figurinhas: de quero-quero empertigado como um militar, de joão-grande dormindo à beira da lagoa.

"Então; sim, Carlos esquecia as estampas das revistas velhas que folheava, e admirava, ausente, fantasiando coisas... Coisas confusas, distantes, envoltas num nevoeiro tênue que não se esgaçava nunca para dar franca passagem ao sol! O que sentia era estranho, suave, comovente. Enternecia-o sobretudo a postura imóvel do joão-grande, como de morto em pé. A sua tristeza vinha justamente daquilo, de saber que o pernalta estava vivo.

O que é leitura

Vivo, e tão parado, tão sumido em si mesmo... Era um alívio quando Lelita movia de novo o dedo mindinho e, lentamente, a asa caída se enfunava para o voo."

Essa é uma cena doméstica da campanha rio-grandense, no início do século. Uma recriação ficcional de Cyro Martins, mas que encontra eco nas vivências de muitos de nós. Apesar das limitações ambientais, de recursos materiais precários e de uma experiência de vida ainda em suas primeiras descobertas, a circunstância favoreceu a realização da leitura, efetivada aí simultaneamente a nível sensorial, emocional e racional, os quais se interpenetram e se complementam.

***

Se a ênfase no decorrer desta reflexão acerca dos níveis de leitura foi mais hierarquizante, deveu-se ao propósito de dar uma fisionomia mais organizada à questão. Além do que, se pensarmos em exigências feitas ao leitor no ato de ler, parece mesmo haver uma gradação da leitura sensorial à racional. Por outro lado, sabe-se, mesmo o leitor se propondo uma leitura a certo nível, seja ele qual for, é a dinâmica de sua relação com o texto que vai determinar o nível predominante.

Assim como há tantas leituras quantos são os leitores, há também uma nova leitura a cada aproximação do leitor com um mesmo texto, ainda quando mínimas as suas variações. Nessas ocasiões talvez ocorram mudanças de nível. Um poema ou uma canção que hoje não nos dizem nada, não fazem sentido, amanhã podem emocionar; agradar ao ouvido pela musicalidade e pelo ritmo, tempos depois; suscitar reflexões apenas após várias leituras.

Se lêssemos apenas e sempre em um único nível, tenderíamos a radicalizar esse modo de ler, provocando a distorção do texto lido pela imobilização. Sendo a leitura um processo, portanto, dinâmica, isso não ocorre. Seria como fixar o olhar num determinado objeto e só e sempre enxergá-lo de um único ângulo, nós e ele estáticos: em pouco tempo não mais conseguiríamos vê-lo. Isso porque a capacidade de nosso cérebro de registrar sensações, emoções e pensamentos decai rapidamente quando o que queremos apreender é infinitamente repetido. O efeito resulta inverso do que se poderia imaginar: em vez de lermos mais e melhor o texto, a leitura se dilui, a ponto de inexistir.

Na verdade, à medida que desenvolvemos nossas capacidades sensoriais, emocionais e racionais também se desenvolvem nossas leituras nesses níveis, ainda que, repito, um ou outro prevaleça. Mas a interação persiste. Quanto mais não seja por certas características de cada um dos níveis, as quais, em última instância, são interdependentes. Vejamos que características são essas.

A leitura sensorial tem um tempo de duração e abrange um espaço mais limitado, em face do meio utilizado para realizá-la — os sentidos. Seu alcance é mais circunscrito pelo *aqui* e *agora*; tende ao imediato. A leitura emocional é mais mediatizada pelas experiências prévias, pela vivência anterior do leitor, tem um caráter retrospectivo implícito; se inclina pois à volta ao passado. Já a leitura racional tende a ser prospectiva, à medida que a reflexão determina um passo à frente no raciocínio, isto é, transforma o conhecimento prévio em um novo conhecimento ou em novas questões, implica mais concretamente possibilidades de desenvolver o discernimento acerca do texto lido.

Essas leituras, se radicalizadas — realizadas sempre de modo isolado umas das outras —, apresentariam aspectos altamente questionáveis, enfatizando o imediatismo (sensorial), o conservadorismo (emocional) e o progressismo (racional), "ismos" esses que, pela própria natureza, depreciariam a leitura. Felizmente é pouco provável se efetivarem radicalmente, em função da dinâmica própria do procedimento existencial do homem. Mesmo querendo forçar sua natureza com posturas extremistas, o homem lê como em geral vive, num processo permanente de interação entre sensações, emoções e pensamentos.

A LEITURA AO JEITO DE CADA LEITOR

E o pulo do gato? Como disse, esse não se ensina mesmo. Mortimer Adler e C. Van Doren, apesar de terem escrito um tratado sobre a arte de ler, advertem que "as regras para adormecer lendo são mais fáceis de seguir do que as regras para ficar acordado enquanto se lê... conseguir ficar acordado, ou não, depende em grande parte da meta visada na leitura".

A esta altura espero tenha deixado claro que, para compreendê-la e para a leitura se efetivar, deve preencher uma lacuna em nossa vida, precisa vir ao encontro de uma necessidade, de um desejo de expansão sensorial, emocional ou racional, de uma vontade de conhecer mais.

O que é leitura

Para compreendê-la e para a leitura se efetivar, deve preencher uma lacuna em nossa vida.

Esses são seus pré-requisitos. A eles se acrescentam os estímulos e os percalços do mundo exterior, suas exigências e recompensas. E, se pensarmos especialmente na leitura a nível racional, há que considerar o *esforço* para realizá-la. O homem é um ser pensante por natureza, mas sua capacidade de raciocínio precisa de tanto *treinamento* quanto necessita seu físico para, por exemplo, tornar-se um atleta. Nada, enfim, é gratuito; sequer o prazer. Este, aliás, nasce de um anseio de realização plena, portanto pressupõe uma meta e um empenho para atingi-la.

O treinamento para a leitura efetiva implica aprendermos e desenvolvermos determinadas técnicas. Dos manuais didáticos aos estudos aprofundados sobre o ato de ler, todos oferecem orientações ora menos ora mais objetivas e eficientes. Todavia, cada leitor tem que descobrir, criar uma técnica própria para aprimorar seu desempenho. Auxiliam-no, entre os fatores imediatos e externos, desde o ambiente e o tempo disponível até o material de apoio: lápis, papel em branco, bombons, almofadas, escrivaninha ou poltrona, alto-falantes, fones — aí entra toda a parafernália de objetos que se fazem necessários ou que fazem parte do *mise-en-scène* de cada leitor.

Se isso tudo pode influenciar criando uma atmosfera propícia, sabidamente e com raras exceções é dispensável. Fundamental mesmo é a continuidade da leitura, o interesse em realizá-la. Quantos leitores já deixaram passar a sua parada porque, no ônibus superlotado, barulhento e sacolejante, estavam totalmente imersos no seu radinho de pilha, na fotonovela, no romance; num artigo científico ou numa fotografia; na rememoração de um filme, de uma peça teatral, de uma conversa?

Há quem só consiga ler um livro de ensaios, por exemplo, sentado quieto em seu canto, tomando notas, assinalando passagens do texto; outros o fazem deitados ou mesmo de pé em meio à maior balbúrdia. Há os que se sentem "no cinema" apenas quando acomodados numa das dez primeiras fileiras da sala de exibição, outros vão para a última. Muitos "curtem o som" de modo a tudo ao redor estremecer com o volume do alto-falante, enquanto outros só conseguem apreciar música em surdina. Enfim, cada um precisa buscar o seu jeito de ler e aprimorá-lo para a leitura se tornar cada vez mais gratificante.

A *releitura* traz muitos benefícios, oferece subsídios consideráveis, principalmente a nível racional. Pode apontar novas direções de modo a esclarecer dúvidas, evidenciar aspectos antes despercebidos ou subestimados, apurar a consciência crítica acerca do texto, propiciar novos elementos de comparação.

Uma das razões pelas quais às vezes nos sentimos desanimados diante de um texto considerado "difícil" está no fato de supormos ser em função de deficiência nossa, de incapacidade para compreendê-lo. Isso em geral é um equívoco. Por que desistirmos de uma leitura racional se temos interesse e necessidade de realizá-la? Tampouco adianta ficar relendo mecanicamente; pelo contrário, é pior. Para diminuir a tensão, amenizar as dificuldades, importa muito não considerar o texto como uma ameaça ou algo inatingível. Melhor relaxar, não se preocupar em *decifrá-lo*, em descobrir *o* sentido, mas cercá-lo ao modo da gente, pelo ângulo que mais atraia, mesmo parecendo algo secundário do texto.

Tratando-se de um livro, retomá-lo folheando ao acaso e lendo uma ou outra passagem, sem nos sentirmos *obrigados* a entendê-la, mas procurando apreciá-la, estabelecendo relações com outras passagens lidas, com leituras já realizadas, quaisquer que tenham sido os meios de expressão dos textos ou os níveis privilegiados. Às vezes o som das palavras de um poema vem-nos indicar o caminho para começar a pensá-lo; a descrição de uma cena, de uma paisagem, de um acontecimento talvez remeta a uma experiência vivida e facilite a compreensão do texto; um assunto desconhecido pode, num determinado momento, trazer referências a algo já lido e, por aí, começamos a entendê-lo.

Enfim, é fundamental não ter preconceito, nem receio de carrear para a leitura quaisquer vivências anteriores;

procurar questionar o texto — quem sabe ele apresente falhas, seja confuso, inconsequente e não há por que simplesmente aceitá-la. Daí a importância de discutir a seu respeito, de buscar esclarecimentos com outros leitores ou em outros textos.

A leitura, mais cedo ou mais tarde, sempre acontece, desde que se queira realmente ler. Acima de tudo, precisamos ter presente que se não conseguimos, de vez, dar o pulo do gato — bem, que se continue andando ainda um pouco, pois não é pecado caminhar.

INDICAÇÕES PARA LEITURA

Bem, indicações para leitura foram dadas desde o início deste nosso contato. Seria mesmo desnecessário dizer que ler sobre leitura não faz de ninguém um leitor. Os textos que estão aí ao nosso redor, expressos em mil linguagens, à inteira disposição, podem ensinar a ler e compreender a leitura, às vezes muito mais do que algo escrito especificamente sobre o assunto.

Mas, como também se viu, é através da escrita que a leitura tem sido pensada e se torna mais fácil aprofundar uma reflexão a seu respeito. Prova disto está nos textos que serviram de apoio para o que discorri. Aliás, eles foram selecionados já por serem agradáveis e esclarecedores, revelando aspectos curiosos da iniciação à leitura.

Para começar, melhor ir direto à poesia, à ficção, às memórias. Mário Quintana, lá na epígrafe (*Do Caderno H*), já diz quase tudo. Como ele, Drummond e vários outros poetas são nossos grandes mestres de leitura.

Entre os ficcionistas, há dezenas excelentes só na literatura brasileira. Citei dois gaúchos para puxar a brasa para o meu assado. Érico Veríssimo, em *Solo de clarineta*, num tom e extensão mais de romance, oferece, além do prazer do texto solto, indícios para se ler melhor e compreender muito de sua obra. Cyro Martins, numa linguagem simples, relata, nas 70 páginas de *Um menino vai para o colégio*, a aventura de um garoto do campo começando a ler o mundo, enfrentando os desafios e descobrindo-se na cidade grande.

Do *Tarzan*, desnecessário falar mais. Ainda encanta, em livros, quadrinhos, TV e cinema, leitores de todas as idades. Já Sartre, embora muito conhecido de nome, é pouco lido. Em *As palavras*, tem-se uma excelente introdução à sua obra. Nesse relato delicioso, fácil e de leitura rápida, o ato de ler e o processo de formação do autor estão imbricados, revelando como se fez esse que é talvez o maior filósofo de nosso século. De Jorge Luis Borges, mais que através dos ensaios, lendo-se *História universal da infâmia* (contos) fica-se sabendo e reconhecendo como um grande leitor se transforma num escritor genial. Depois, é saborear seus inúmeros outros livros.

Quanto aos ensaios citados, todos trazem elementos substanciais para a questão da leitura.

Comece por Paulo Freire. Na simplicidade de sua linguagem, como nenhum outro ainda, indica os meios para aprender a ler e conquistar os caminhos para a liberdade. Seu *A importância do ato de ler* é fundamental: fininho, com três artigos, um dos quais foi a pedra de toque para a elaboração deste meu texto. *Pedagogia do oprimido*, um clássico com numerosas edições e traduções. Aí o grande educador brasileiro faz um retrato da questão educacional e do problema da alfabetização em países subdesenvolvidos. Examina aspectos básicos dos fracassos e propõe alternativas, tendo em vista uma educação efetiva e liberadora.

Discutindo a leitura na escola e na universidade brasileiras, Osman Uns, em *Do ideal e da glória*, torna-se um refrigério para os estudantes e professores insatisfeitos com o que se considera leitura e literatura, na sala de aula. Numa série de artigos, em tom jornalístico, faz a crítica e mostra como se pode enfrentar o desânimo de uma leitura imposta.

Em *A arte de ler*, de Mortimer Adler e Van Doren, se encontra talvez o texto mais robusto e detalhado publicado em português sobre leitura. Lá estão os níveis de leitura apresentados de modo diferente do visto aqui, mas sem dúvida muito esclarecedor. A obra, apesar de extensa, é em linguagem acessível e está bem organizada, em itens que podem ser facilmente consultados. Os autores abordam desde o comportamento do leitor "elementar" ao leitor "exigente", dando indicações valiosas e práticas de como realizar a leitura de textos escritos, desde literatura, matemática, a ciências sociais, filosofia. E ainda finalizam com uma série de exercícios e testes de leitura.

Robert Escarpit e Barker, em *A fome de ler*, discutem a questão da leitura e do livro em relação aos meios de comunicação de massa, problemas de produção, distribuição e direito autoral. O capítulo sobre "hábitos de leitura" e as "conclusões" interessam especialmente. Também é leitura agradável e fácil.

Roland Barthes, um dos estudiosos da linguagem mais badalados dos últimos vinte anos, atrai sempre pela beleza de seu texto e colocações antiortodoxas. Não é muito fácil de ler. Mas há vários livros dele, em português, que valem a pena dar uma olhada. Recomendo, para começar, *Crítica e verdade* (ensaios) da (Perspectiva). Se ler e gostar, vai ficar freguês.

Além desses, há outros estudos, em português, sobre a questão da leitura que podem auxiliar o desenvolvimento da investigação. Entre os autores estrangeiros, está Lionel Bellenger, com *Os métodos de leitura* (Zahar), que examina o comportamento do leitor, os métodos de alfabetização e como se aprende a ser um leitor ativo. Gaston Mialaret, em *A aprendizagem da leitura* (Editorial Estampa, Lisboa), detém-se na questão dos métodos. Ezra Pound, em *O ABC da literatura* (Cultrix) — aliás, da leitura, no original —, como Sartre faz seu depoimento sobre o que seja o ato de ler, sua relação com a literatura, dando exemplos de um e outra.

Entre os textos mais recentes de autores brasileiros encontra-se *O ato de ler* (Cortez), de Ezequiel da Silva. Um estudo que sistematiza aspectos básicos da leitura, relacionando-os com seus fundamentos psicológicos e filosóficos, oferecendo subsídios especialmente para professores e bibliotecários. E, em *Leitura em crise na escola* (Mercado Aberto), organizado por Regina Zilberman, há artigos e pesquisas de vários professores do 1.º, 2.º e 3.º graus. Relatam-se experiências, discutindo as deficiências e apontando saídas para o impasse da leitura e do ensino da literatura em nossas escolas.

Para terminar, vários livros da Coleção Primeiros Passos relacionam-se com questões levantadas aqui. Dentre eles, *O que é ideologia*, de Marilena Chauí; *O que é arte*, de Jorge Coli; *O que são intelectuais*, de Horácio Gonzales; *O que é cinema*, de Jean-Claude Bernardet; *O que é teatro*, de Fernando Peixoto.

BIBLIOGRAFIA

ADLER, Mortimer J. & VAN DOREN, Charles. *A arte de ler*. Rio de Janeiro, Agir, 1974.

AGUIAR, Flávio. *Comentários aos originais deste trabalho*.

BARTHES, Roland. *Le Grain de la voix*; entretiens (1962-1980), Paris, Éditions du Seuil, 1981.

BORGES, Jorge Luis. Del culto de los libros. In: *Otras inquisiciones*. Buenos Aires, Emecé Editores, 1960.

BOSI, Ecléa. *Cultura de massa e cultura popular*; leituras de operárias. Petrópolis, Vozes, 1977.

BURROUGHS, Edgar Rice. *Tarzan, o filho das selvas*. São Paulo, Companhia Ed. Nacional, 1968.

CHAUÍ, Marilena. "Conceitos de história e obra". 1º Seminário Interno sobre o Nacional e o Popular na Cultura Brasileira. FUNARTE, Rio de Janeiro, 1980 (inédito),

CHIAPPINI, Ligia. A TV se volta para o gosto "popular". Entrevista concedida ao jornal O Estado de São Paulo, São Paulo, 23 de maio de 1982.

ESCARPIT, Robert & BARKER, Ronald. *A fome de ler*. Rio de Janeiro, Fundação Getúlio Vargas/MEC, 1975.

FREIRE, Paulo. *A importância do ato de ler* (em três artigos que se completam), São Paulo, Autores Associados/Cortez, 1982.

. *Pedagogia do oprimido*. 6.ª ed. Rio de Janeiro, Paz e Terra, 1978.

LINS; Osman. *Do ideal e da glória*; problemas inculturais brasileiros. São Paulo, Summus, 1977.

MARTINS, Cyro. *Um menino vai para o colégio*. Porto Alegre, Movimento, 1977.

REVISTA *Isto É*. A TV no outro mundo. São Paulo, 7 de Abril de 1982.

SARTRE, Jean-Paul. *As palavras*. São Paulo, Difusão Europeia do Livro, 1964.

SMITH, Frank. *Understanding reading; a psycholinguistic analysis of reading and learning to read*. 2.ª ed, Nova Yorque, Holt, Rinehart and Winston, 1978.

VERÍSSIMO, Érico. *Solo de clarineta*. Porto Alegre, Globo, 1973, vol. 1.

SOBRE A AUTORA

Maria Helena Martins é de Porto Alegre, formada em Letras pela Universidade Federal do Rio Grande do Sul (UFRGS) — mesmo local onde fez mestrado, sobre um poema gauchesco-satírico, que resultou na obra *Agonia do heroísmo: contexto e trajetória de Antônio Chimango* (UFRGS/ L&PM, 1980).

Em 1979, criou uma "Salinha de Leitura" para crianças, decisiva para a realização deste *O que é leitura* (1982), e que também originou seu doutorado em Teoria da Literatura e Literatura Comparada, na Universidade de São Paulo (Cf. *Crônica de uma Utopia: leitura e literatura infantil em trânsito*. Brasiliense, 1989).

Entre 1973 e 1991, lecionou na graduação e na pós-graduação da UFRGS, e na USP, principalmente Teoria da Literatura e Literatura Infantil. Nos anos 1980 veio para São Paulo, onde coordenou projetos de extensão para incentivo à leitura ligados à USP, ao MEC e às secretarias de Educação do Estado e do Município, destacando-se então o Estágio de

Formação do Educador em Serviço (Cf. *Reinventando o Diálogo: ciências e humanidades na formação dos professores*. L. Chiappini, M. H. Martins, M. L. Z. Souza (orgs.). Brasiliense, 1987).

Na década de 1990, além de ministrar cursos, elaborou e coordenou projetos de formação de mediadores de leitura, retomando a pesquisa pela perspectiva da interação de linguagens (verbais e não verbais) e leitores (Cf. *Questões de Linguagem: muito além do Português*. Contexto, 1991); participou do "Proler, aprendendo a ler o Brasil": prestou consultorias, destacando-se a realizada para o Instituto ltaú Cultural, onde deu cursos, coordenou projetos e publicações (*Rumos da Crítica e Outras Leituras*. ICI/Senac, 2000).

Em 1997, criou o Centro de Estudos de Literatura e Psicanálise Cyro Martins (www.celpcyro.org.br), em Porto Alegre, onde promove eventos, cursos, elabora e desenvolve projetos interdisciplinares a partir da obra ficcional e ensaística desse autor, e organiza publicações como *Cyro Martins 90 Anos* (Celpcyro/IEL, 1998), *Você deve desistir, Osvaldo* (L&PM, 2000), *Fronteiras Culturais* (Brasil — Uruguai — Argentina) (Ateliê/Celpcyro/SMCP. Porto Alegre, 2002). Este foi o primeiro fruto de um projeto que se estende dos pagos, em cidades fronteiriças do Rio Grande do Sul com uruguaias e argentinas, a paragens distantes como a Alemanha, onde promoveu, em 2002, com Lígia Chiappini (Universidade Livre de Berlim), o evento "Cultura Fronteriza: Brasil, Uruguay y Argentina", levando a cultura pampiana a fronteiras longínquas, sobre o qual prepara outra publicação.